すべての「？」を「！」にする

スーパーマリオメーカー for Nintendo 3DS パーフェクトガイド

はじめてみよう編
- 『スーパーマリオメーカー』とは？ ……… 004
- 「つくる」モードの画面の見方 ……… 006
- 3DSの操作方法 ……… 009
- ゲームスキン別マリオの操作方法 ……… 010

- 基本パーツ解説 ……… 012
  - ・敵 ……… 012
  - ・足場 ……… 020
  - ・仕掛け ……… 025
  - ・アイテム ……… 029
  - ・罠 ……… 031
  - ・乗り物・仲間 ……… 033

つくってみる編
- パーツを組み合わせた使い方16選 ……… 036
- オトアソビ ……… 043
- 楽器ブロック ……… 044
- コースデコレーション ……… 045
- ヨッシーの使い方 ……… 045

- 電撃オリジナル10コース公開 ……… 046

スーパーマリオチャレンジコース攻略編
- コース攻略の解説・見方 ……… 056
- ・W1〜W19コース攻略 ……… 058

お役立ちリスト＆コラム
- パーツ開放条件リスト ……… 034
- パーツの組み合わせリスト ……… 054
- お助けモードアイテムリスト ……… 126
- Wii U版・3DS版 機能比較表 ……… 127

はじめてみよう編

スーパーマリオメーカー for Nintendo 3DS パーフェクトガイド

SUPER MARIO MAKER

はじめてみよう編

『スーパーマリオメーカー for ニンテンドー3DS』は自由にコースを作って遊べるゲーム

『スーパーマリオメーカー for ニンテンドー3DS』は、『スーパーマリオ』シリーズに登場するキャラクターや背景などを使って、簡単にコースが作れるソフト。豊富なパーツを自由に組み合わせて個性的な作品を作ろう。

タイトル画面から選べるモードは2つ

つくる
パーツを並べてコースを作るモード

あそぶ
自作のコースや収録済みのコースで遊べるモード

ヤマムラのレッスンも受けられる

3DS版の新要素「ヤマムラレッスン」は、ゲームの操作解説やコース作りの基本が学べる。講師はハトの「ヤマムラ」と、本作の問い合わせ窓口担当の「ましこ」だ。

ヤマムラ
▲鳩。完全に鳩。じつはコース作りのプロ。

ましこ
▲説明書のお姉さんだけにパーツの知識はあるが、コース作りは初心者。

▲2人の軽妙なかけあいも見所のひとつ。

▲「パーツの置き方」といったごく基本的な内容から学べる。

つくる

「つくる」は、このゲームの中心となるモード。まるで絵の上にパーツを貼り付けていくような感覚でコースを作れる。操作方法はほぼWii U版と同じだ。Wii U版をさわったことがあるなら、3DS版もすぐに始められるだろう。

パーツやゲームスキンの種類が豊富

本作は『スーパーマリオ』シリーズ4作品で使われたパーツを収録している。クラシックなファミコン版から最新のWii U版まで、幅広いグラフィックが楽しめる。

▲使えるパーツは全部で60種類以上。ゲームスキンの選択でゲーム別のデザインにも変更可能だ。

▲特定のパーツは振ると別のパーツに変わる。

操作がしやすく覚えやすい

コース作りのほとんどの操作は、タッチペン1本でできる。一見複雑そうなパーツ選びやコースへの配置も、直感的な操作でわかりやすい。

▶コース作りに必要な機能が1画面にほぼ集約されている。

コースの編集機能が充実している

使用するパーツの数が増えてくると、少しの修正でも案外手間がかかるもの。そんなときのためにパーツの「複数せんたく」と「コピー」機能が備わっている。

▶パーツが複雑に並んでいてもまるごと"複数せんたく"が可能。

オープニング画面は曜日で変化する!?

ゲームを起動するたびに流れるオープニングのデモムービー。このオープニングは、ゲームを起動した曜日によって内容が変化する。下画面に表示されるヤマムラの反応も注意して見てみよう。

月曜日

◀ノコノコのこうらに飛ばされるマリオ。

火曜日

◀カメックの魔法でマリオがクリボーに。

水曜日

◀羽のついたリフトに運ばれるマリオ。

木曜日

◀クリボー3体に運ばれるマリオ。

金曜日

◀ハエがマリオを運ぶ。英語にも注目。

土曜日

◀ドッスンに踏まれるマリオ。

日曜日

◀日曜日だけの特別な画面が出る。

コースの送受信と交換

本作は3DS版だけの要素として、ローカルプレイやすれちがい通信を使った、コースの送受信と交換機能がある。外出先で気軽にコースのやり取りをしよう。

コースの送受信
ローカルプレイで、自分が作ったコースを友達の3DSに送ったり、反対に友達のコースを送ってもらうことができる。

すれちがい通信
あらかじめセットしたコースを、外出先ですれちがった人と交換できる。自慢のコースをいろいろな人に遊んでもらおう。

受け取ったコースのアレンジも可能
受け取ったコースに手を加えて完成させると、複数の人で制作した証の「コラボアイコン」が表示される。

コラボアイコン

『スーパーマリオメーカー』とは?

あそぶ

さまざまなコースが収録された「あそぶ」モードは、ただアクションゲームとして遊ぶだけではなく、コース作りのヒントをつかむのにも活用できる。Wii U版よりも遊び応えが増した「スーパーマリオチャレンジ」にも注目。

スーパーマリオチャレンジ

「スーパーマリオチャレンジ」は、Wii U版の「10人マリオチャレンジ」を大幅にリニューアルしたモード。新たなコースが100も収録されているうえ、コースをクリアすると使えるパーツが開放されたり、特定の条件を満たすとメダルがもらえる。

▲コースごとに異なる、メダルの獲得条件が示される。

▼条件を満たしてクリアすればメダル入手。多く集めるとW19が開放される。

世界のコース

世界中のWii U版プレイヤーが投稿したコースで遊べるモード。「100人マリオチャレンジ」と「おすすめコース」の2つから選べる。遊ぶにはインターネットへの接続が必要だ。

100人マリオチャレンジ
ランダムに現れる投稿コースに100人のマリオで挑戦。100人いても気が抜けない!?

◀難易度は4つ。自分に合った難しさを選ぼう。

おすすめコース
投稿作品のなかから選りすぐりのコースが楽しめる。自分好みのコースがあるはずだ。

◀練りに練ったコースを楽しめるぜいたくを味わおう。

コースロボット
スーパーマリオチャレンジでクリアしたコースはコースロボットから選ぶこともできる。投稿作品のお気に入りをセーブしてもいい。

◀取り逃したメダルがあるコースをやり直そう。

005

3 📋 メインメニューを開く

ゲームをプレイする「スーパーマリオチャレンジ」「世界のコース」、操作方法の変更ができる「オプション」などのメニューを開くためのボタン。各機能へのショートカットでもある。

❶ タイトル画面に戻る
❷ メインメニューを閉じる
❸❹❺ それぞれのモードに移動する
（❹、❺の詳細はP.005へ）
❻ コースロボット
（ロード／セーブへ移動）

❼ ヤマムラレッスンへ移動
（詳細はP.004へ）
❽ プロフィールを見る

▲ゲームのプレイに関するさまざまなデータの一覧を表示する。

❾ オプション画面を開く
マリオのダッシュとジャンプボタンの配置を入れ替えたり、プレイ情報の送信の可否を設定。

▲ダッシュとジャンプのみ、操作するボタンを入れ替えることができる。

❿ ゲームの電子説明書を見る

4 ◀ ▶ 左右のメニューを隠す

広い画面で制作できる

画面の左右に並んだアイコンのメニューを消して、画面を広く表示するためのボタンだ。コースの端のほうを作る場合や、パーツを配置する際にメニューが邪魔になったら、このボタンを活用するといい。

▲左右のボタンを使ってアイコンを消すと、こんなイメージになる。Wii Uよりも画面の表示範囲がせまい3DSには便利な機能だ。

5 ⏱500 タイマー／オートスクロール設定

コースをクリアするまでの制限時間や、コースのスクロール速度を設定するボタン。スクロール速度は右で挙げたように4種類から選べる。いずれもゲームの難易度を大きく左右するので設定は慎重に。

制限時間

10〜500の範囲で設定

オートスクロールなし
自動でスクロールを行わないための設定。

🐢 **カメ**
遅い速度で画面が自動的にスクロールする。

🐰 **ウサギ**
やや速い速度で画面が自動的にスクロールする。

🐆 **チーター**
一番速い速度で画面が自動的にスクロールする。

7 🍄 ゲームスキンの選択

パーツや背景を『スーパーマリオブラザーズ』シリーズに登場するデザインに変更するためのボタン。ゲームスキンを変えると、マリオがそのゲーム固有のアクションを使える。

『スーパーマリオブラザーズ』

もとがFCのソフトだけに、ドット絵にハデさはないが、そのぶんパーツは見やすい。

乗り物
くつクリボー

◀スッキリした背景も見やすさの理由。

『スーパーマリオブラザーズ3』

『スーパーマリオブラザーズ』よりも細かい絵柄が多く、黒を生かしたデザインが秀逸。

乗り物
くつクリボー

◀ゴール周辺が暗くなるのは『3』のみ。

『スーパーマリオワールド』

FCの2作品よりも立体感のあるグラフィックが特徴。こうらなどを上に投げる固有アクションが使える。

仲間
ヨッシー

固有アクション例
上に投げる

▲原作はSFCで発売。あたたかみのある色使いで画面が華やかになるゲームスキン。

『Newスーパーマリオブラザーズ U』

唯一3Dポリゴンのキャラクターが登場する。でかクッパは全ゲームスキン中で最大の見た目になる。

仲間
ヨッシー

固有アクション例
ヒップドロップ

▲グラフィックの鮮やかさとリアルさでは一番。躍動感のあるキャラの動きにも注目。

「つくる」モードの画面の見方

SUPER MARIO MAKER

はじめてみよう編

8 コースロボット
制作したコースのデータをセーブしたり、ロードするためのボタン。セーブデータの上書き保存もできる。

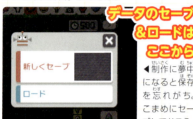

▶データのセーブ＆ロードはここから

◀制作に夢中になると保存を忘れがち。こまめにセーブしておこう。

9 シーンスキンの選択
『スーパーマリオブラザーズ』シリーズに登場する、背景や場面（シーン）に切り替えられるボタン。選べるシーンは全部で6種類。ゲームスキンの変更に連動してシーンスキンのデザインも変わるほか、「水中」では移動方法が「泳ぎ」に変わる。

地上 — ◀自然にあふれ、感のある開放ジャンが多い。

地下 — ◀サブコースなどで使われることが多い。

水中 — ◀移動が泳ぎになり、ジャンプができない。

お化けやしき — ◀不気味なコースを作るのにピッタリ。

飛行船 — ◀画面がゆっくりと揺れる演出が加わる。

城 — ◀ボスが潜むコースなどに最適のシーン。

10 消しゴム君
置いたパーツを消せる、消しゴムを使う機能。もう1回押すと使用状態を解除する。

11 オトアソビ
コース上に効果音を配置して、自由に鳴らすことができる機能。

◀効果音の種類を選び、コース上の鳴らしたい場所に配置する。音を鳴らすための方法も複数用意されている。

▶置いたアイコンはゲーム中は見えなくなる

詳しくはP.043へ

12 1つ戻る
作業を1つ前の状態に戻すことができる機能。最大20回分まで戻すことができる。

13 「つくる」「あそぶ」の切り替え
制作中のコースでお試しプレイをするためのボタン。

14 リセットする
3つカウントした後に、作業内容をすべて破棄して、コースを白紙状態にする機能。

15 コースの長さ／位置の変更
左側の「S」はスタート、右側の「G」はゴールを表している。「G」は左右にスライドすることができ、この場所を変えることでコースの長さを変更できる。

◀ゴールの黄色いマルをタッチして左右にスライドでゴールの高さも変えられる。上下

16 エリアの切り替え
メインエリアのほかに、土管を配置してサブエリアを作った場合に表示されるボタン。ボタンには「1」と「2」があり、タッチで切り替えて使用する。1はメインエリア、2はサブエリアを表す。

詳しくはP.040へ

◀サブエリアをつかえばコースのボリュームを増やせる。

17 マリオの残像き確認
直前のプレイ内容から、マリオが移動した跡を残像で表示するための機能。プレイするだけではつかみにくいジャンプの軌道を表示できるため、着地する足場の位置を決める際などに役に立つ。

▼この機能を使えばマリオのジャンプの軌道もこのとおり。

▲残像を参考に足場を置く。残像は直前分しか表示できないので注意。

3DSの操作方法（「つくる」モード）

ここでは「つくる」モードで使う3DSのボタンについて解説しよう。本作ではコース制作のほとんどはタッチペンで行うが、コピーなどの機能が割り振られたボタンと組み合わせて使えば、コース作りをもっと快適に進められるだろう。

※New 3DSの場合
ZL・ZRボタン・Cスティック
使用しない（反応しない）。

Lボタン
複数せんたくモード/
コピーモードの
切り替え

Rボタン
複数せんたくモード/
コピーモードの
切り替え

スライドパッド／十字ボタン
画面のスクロール
（マリオの操作）

A、B、X、Yボタン
画面のスクロール
（マリオの操作）

セレクトボタン
「つくる」「あそぶ」
モードの切り替え

スタートボタン
メインメニューの開閉

カチンコとセレクトボタンの違いは？

カチンコはマリオを移動させた場所からプレイでき、セレクトボタンはスタート地点からプレイするという違いがある。

▶作った仕掛けの動作確認などは、カチンコのほうが便利だ。

画面のスクロール速度を変える

画面のスクロールは十字ボタンやアナログスティックで行うが、マリオのダッシュボタンを押すとスクロールが速くなる。

このへんをタッチしても左右にスクロールできる

▶画面の左右に並んだアイコンの間をタッチしても左右にスクロールできる。

パーツの配置に役立つ編集機能

「複数せんたく」でパーツをまとめて移動

「複数せんたく」を使うと、配置したパーツをまとめて選んで移動できる。絵のように配置したパーツ、複数のパーツで動く仕掛けなど、作り直しに手間がかかる場合に活用しよう。

ほぼ1画面ぶんがまるごと移動できる

選択できるパーツの最大数は横20×縦13個

「複数せんたく」で選べるパーツの数は、ほぼ1画面ぶんに相当する260個だ。

◀これだけの数を選べれば、まず困ることはない。

「複数せんたく」と「コピーモード」で一括コピー

「複数せんたく」でパーツを選んだあとにこの機能を使うと、パーツをまるごとコピーできる。同じような配置でキャラクターを出現させたり、同じ模様の地形を作る際などに活用しよう。

「複数せんたく」＋消しゴムでまとめ消し

「複数せんたく」でパーツを選んだあと、消しゴムを使うとその部分だけ消すことができる。

まとめて消せば穴開けもカンタン

◀選択した黄色い部分を消せば穴をあけられる。

「つくる」モードの画面の見方／3DSの操作方法

009

SUPER MARIO MAKER

はじめてみよう編

010

ゲームスキン別マリオの操作方法一覧

マリオの操作方法は、選んだゲームスキンによって多少変化する。その違いを一覧表で確認しよう。

オプション設定も使おう

ジャンプとダッシュボタンを入れ替えたいときは、オプション画面から設定できる。

▲ジャンプとダッシュはよく使う操作だけに、自分にあったボタン配置を選ぼう。

New 3DSでの操作は？

New 3DSで本作を遊んだ場合、Cスティック、ZR/ZLボタンへの機能の割り当てはないので、これらを操作しても反応はない。

スーパーマリオブラザーズ

基本操作

移動	ダッシュ	ジャンプ	高くジャンプ
＋	Ⓨ(Ⓧ)を押したまま移動する	Ⓑ(Ⓐ)	Ⓑ(Ⓐ)長押し
高く遠くにジャンプ	スーパージャンプ	しゃがむ	ファイアボール
ダッシュしながらジャンプ	敵を踏んでジャンプ	＋(ちびマリオは不可)	ファイアマリオのときにⓎ(Ⓧ)
土管に入る	泳ぐ	登る/下りる	ドアに入る
土管の入り口方向に＋	水中でⒷ(Ⓐ)	ツタで＋	ドアの前で＋

乗り物の特殊操作

少しだけ滞空	乗り物 くつクリボー
Ⓑ(Ⓐ)長押し（羽使用時）	
急降下	降りる
ジャンプ後に＋（巨大化時）	Ⓛ(Ⓡ)

このゲームスキンでは、ヨッシーの代わりに緑色の大きなくつが登場。中に入っているクリボーを倒せば乗ることができる。くつに乗ったあとは敵を踏んだり、急降下で倒すことも可能。

▲急降下するとボフンと「風圧」が出て敵を倒せる。

スーパーマリオブラザーズ3

基本操作

移動	ダッシュ	ジャンプ	高くジャンプ	物を持つ/投げる/置く
＋	Ⓨ(Ⓧ)を押したまま移動する	Ⓑ(Ⓐ)	Ⓑ(Ⓐ)長押し	Ⓨ(Ⓧ)を押したまま触れる/Ⓨ(Ⓧ)を離す/＋を押しながらⓎ(Ⓧ)を離す
高く遠くにジャンプ	スーパージャンプ	しゃがむ	ファイアボール	
ダッシュしながらジャンプ	敵を踏んでジャンプ	＋(ちびマリオは不可)	ファイアマリオのときにⓎ(Ⓧ)	
土管に入る	泳ぐ	登る/下りる	ドアに入る	
土管の入り口方向に＋	水中でⒷ(Ⓐ)	ツタで＋	ドアの前で＋	

このゲームスキンのマリオは、ノコノコのこうらなどを持って運んだり、投げることができる。

乗り物の特殊操作

少しだけ滞空	乗り物 くつクリボー（画像は振った後）
Ⓑ(Ⓐ)長押し（パタ化使用時）	
急降下	降りる
ジャンプ後に＋（巨大化時）	Ⓛ(Ⓡ)

乗り物は『スーパーマリオブラザーズ』同様くつクリボーだが、振った後のデザインが左のように赤に変わる。

（画像は振った後）

しっぽマリオの特殊操作

このゲームスキンでは「スーパーこのは」で、空を飛べるしっぽマリオに変身できる。

 しっぽマリオ

しっぽを振る
Ⓨ(Ⓧ)
飛ぶ	空中をゆっくり落下
手を広げるまでダッシュした後、Ⓑ(Ⓐ)を連打する	空を飛んだ後、または落下中にⒷ(Ⓐ)を連打する

スーパーマリオワールド

基本操作

移動	ダッシュ	ジャンプ	高くジャンプ	物を持つ/投げる/置く
＋	Ⓨ(Ⓧ)を押したまま移動する	Ⓑ(Ⓐ)	Ⓑ(Ⓐ)長押し	Ⓨ(Ⓧ)を押したまま触れる/Ⓨ(Ⓧ)を離す/＋を押しながらⓎ(Ⓧ)を離す

高く遠くにジャンプ	スーパージャンプ	しゃがむ	ファイアボール	スピンジャンプ
ダッシュしながらジャンプ	敵を踏んでジャンプ	＋	ファイアマリオのときにⓎ(Ⓧ)	Ⓛ(Ⓡ)

土管に入る	泳ぐ	登る/下りる	ドアに入る	上に投げる
土管の入り口方向に＋	水中でⒷ(Ⓐ)	ツタで＋	ドアの前で＋	物を持ったまま＋を押しⓎ(Ⓧ)を離す

仲間の特殊操作

ヨッシーは敵を食べてはきだせる。これで物を運ぶことも可能だ。

食べる	仲間
Ⓨ(Ⓧ)	ヨッシー

はき出す	降りる
こうらになる敵などを食べた後にⓎ(Ⓧ)	Ⓛ(Ⓡ)

マントマリオの特殊操作

マントを開く	下降/上昇	マントで敵を倒す
手を広げるまでダッシュ→Ⓨ(Ⓧ)を押したままジャンプ→Ⓨ(Ⓧ)とⒷ(Ⓐ)を押したまま上昇中にⒷ(Ⓐ)を離す	飛んでいるときに＋を進行方向に押す/＋を進行方向と逆方向に押す	Ⓨ(Ⓧ)

ボディプレス	降下/ゆっくり降下	急降下
飛んでいるときに＋を進行方向に押してお腹で敵を踏む	飛んでいるときにⓎ(Ⓧ)を離す/飛んでいるときにⓎ(Ⓧ)を離してⒷ(Ⓐ)、または落下しているときにⒷ(Ⓐ)	飛んでいるときに＋を進行方向に押し続ける

New スーパーマリオブラザーズ U

基本操作

移動	ダッシュ	ジャンプ	高くジャンプ	物を持つ/投げる/置く
＋	Ⓨ(Ⓧ)を押したまま移動する	Ⓑ(Ⓐ)	Ⓑ(Ⓐ)長押し	Ⓨ(Ⓧ)を押したまま触れる/Ⓨ(Ⓧ)を離す/＋を押しながらⓎ(Ⓧ)を離す

高く遠くにジャンプ	スーパージャンプ	しゃがむ	ファイアボール	スピンジャンプ
ダッシュしながらジャンプ	敵を踏んでジャンプ	＋	ファイアマリオのときにⓎ(Ⓧ)	Ⓛ(Ⓡ)

土管に入る	泳ぐ	登る/下りる	ドアに入る	3段ジャンプ
土管の入り口方向に＋	水中でⒷ(Ⓐ)	ツタで＋	ドアの前で＋	ダッシュ中にジャンプ→着地時にタイミングよくⒷ(Ⓐ)を2回くり返す

仲間の特殊操作

基本操作は『スーパーマリオワールド』と同じ。ただ、ヒップドロップはヨッシーに乗ったままでもできる。

食べる	仲間
Ⓨ(Ⓧ)	ヨッシー

はき出す	降りる
こうらになる敵などを食べた後にⓎ(Ⓧ)	Ⓛ(Ⓡ)

プロペラマリオの特殊操作

飛ぶ
Ⓛ(Ⓡ)

急降下
飛んでいるときに＋

ヒップドロップ
空中で＋

カベキック
ジャンプ中にカベにくっついてⒷ(Ⓐ)

ゲームスキン別マリオの操作方法

SUPER MARIO MAKER

パーツ表の見方

❶ パーツの見た目
『スーパーマリオブラザーズ』のゲームスキンで地上のシーンスキンのときに表示されるもの。

❷ パーツのカテゴリー(種類)
63種類のパーツを、敵、足場、仕掛け、アイテム、罠、乗り物の6つのカテゴリーに分類。そのカテゴリー名を表記してある。

❸ パーツの名称

❹ パーツを拡大できる方向と設置できる向き
そのパーツがサイズを変えられるものは拡大できる方向を、向きや角度が変えられるものは方向と調整角度をアイコンで示した。

❺ 最小と最大サイズ
スーパーキノコの使用を含め、サイズ変更をした場合の最少、最大サイズ。

❻ パーツの特徴
パーツの特性や具体的な使い方などを解説。敵のカテゴリーでは、通常時・羽をつけた場合（パタ化）の動き方を矢印で示してある。

敵の移動方向

❼ パーツの属性
各パーツのカテゴリーに合った6つの属性を一覧表で掲載。
- ■倒す（壊す）：敵を倒せるかどうか。その他のパーツは壊せるかどうか（カッコ内は限定される主な倒し方）
- ■すり抜ける：ジャンプしたり歩いて通れるかどうか
- ■羽：羽をつけられるかどうか（パタ化のこと）
  - ○：つけられる　△：一部つけられる　×：つけられない
  - ※：つけられるが、飛べないかジャンプになる
- ■レール：「仕掛け」のレールの上に設置できるかどうか
- ■入れる：中にアイテムや敵を入れられるかどうか
- ■乗せる：上にアイテムや敵を乗せられるかどうか

❽ 振って変化するパーツのバリエーション
パーツを持ったまま上下左右に振る動作をしたときに、姿が変わるものを掲載。これが使えないパーツもある。

❾ ゲームスキンの違い(一部シーンスキンの違いも掲載)
各ゲームスキンのグラフィックに加え、足場のカテゴリーのみ、主要なパーツのシーンスキン別グラフィックを掲載。

ノコノコ （敵）

最小　縦1マス×横1マス
最大　縦2マス×横2マス

倒す	○	羽	※
入れる	×	すり抜ける	×
レール	○	乗せる	○

パーツの特徴
ノコノコは『スーパーマリオブラザーズ』シリーズではおなじみの敵キャラクターだ。強い敵ではないが、「こうらにしてから蹴飛ばせる」という特徴はさまざまな仕掛けに使えるため、使う機会は多くなる。

▲2色のノコノコを積み上げて、簡単な文字を書くこともできる。

振った後のバリエーション

ノコノコを振ると、こうらの色が緑から赤に変わる。みどりノコノコは段差を落ちて、あかノコノコは段差でUターンする。

※踏むとこうらからはだかノコノコが出る

動き　通常時 → 　パタ化後 〜

敵 クリボー

最小 縦1マス×横1マス
最大 縦2マス×横2マス

倒す	○	羽	※
入れる	×	すり抜ける	×
レール	○	乗せる	○

パーツの特徴

ノコノコと並ぶ『スーパーマリオ』シリーズの看板（敵）キャラクターといえばクリボーだろう。敵のなかでは最弱のグループに入ってしまうが、巨大化させたり高く積み上げると、それなりの戦力になる。

動き 通常時 → パタ化後 ⌒

▲階段状に積み上げれば高い場所にジャンプさせることもできる。

⚠ はじける!?

クリボーを振ると、なぜかはじけ飛んでしまう。振ることができない敵には、こんなリアクションが隠されている場合も。

ゲームスキン
SUPER MARIO BROS. / SUPER MARIO BROS.3 / SUPER MARIO WORLD / NEW SUPER MARIO BROS.U

※クリボンになり、踏んでも倒せない。持つことが可能。

敵 ゲッソー

最小 縦1マス×横1マス
最大 縦2マス×横2マス

倒す	○（スターなど）	羽	○
入れる	×	すり抜ける	×
レール	○	乗せる	○

パーツの特徴

ゲッソーは水中を泳ぐだけでなく、空を飛ぶこともできるイカのキャラクターだ。常に垂直か斜め方向に動き、マリオに当たりそうな場所を飛ぶ。しかし、ちびマリオならその場で動かなければ当たることはない。

動き 通常時 W パタ化後 ＜or＞ ＼or／

▲ゲッソーは水中の生物ながら、羽をつけてもつかなくても空を飛べる。

振った後のバリエーション

ゲッソーを振ると、小さなゲッソーを4匹連れた「こづれゲッソー」になる。あとをついて泳ぐ子供ゲッソーの動きに注目。

ゲームスキン

敵 プクプク

最小 縦1マス×横1マス
最大 縦2マス×横2マス

倒す	○（スターなど）	羽	※
入れる	×	すり抜ける	×
レール	○	乗せる	×

パーツの特徴

プクプクは水中を得意とするキャラクターらしく、水中のシーンスキン以外だと、画面の下のほうをジャンプする動きになる。なお、城のシーンスキンの場合は、溶岩で燃えて「燃えプクプク」という敵になる。

動き 通常時 〰 〜 パタ化後 〰 〜
水中以外 水中 水中以外 水中

▲体が燃えたまま跳ねてくる「燃えプクプク」。城のシーンスキンのみで登場。

振った後のバリエーション

体が緑から赤に変わり、緑は1方向に移動、赤は一定範囲を往復するようになる。能力自体は振る前と同じだ。

ゲームスキン

013

基本パーツ解説

SUPER MARIO MAKER

はじめてみよう編

014

敵 メット

最小 縦1マス×横1マス
最大 縦2マス×横2マス

倒す	○（スターなど）	羽	△
入れる	×	すり抜ける	×
レール	○	乗せる	○

パーツの特徴

メットはアイテムとしての使い勝手がいい。こうらにしてかぶったり、キラー砲台でこうらを発射して、その上に乗ったりと、活用の幅が広いのが特徴だ。羽をつけたメットは乗ると上昇する特性がある。

▲アイテム扱いのメットこうら。これを使うだけでゲームの遊び方が広がる。

振った後のバリエーション

メットを振ると、メットこうらになる。この状態は敵というよりもアイテムに近く、かぶると真上からの攻撃を防げる。

動き 通常時 ←→ パタ化後 〜

ゲームスキン

敵 トゲメット

最小 縦1マス×横1マス
最大 縦2マス×横2マス

倒す	○（スターなど）	羽	○
入れる	×	すり抜ける	×
レール	○	乗せる	○

パーツの特徴

トゲメットは、トゲゾーと同じくこうらにトゲがあるので、踏んで倒すことができない。また、ブロックにはりついて1周できる唯一の敵で、空中の足場にはりつかせるとコースの難易度を上げられる。

▲トゲメットが真下にはりついているときは、ジャンプをするのも危険だ。

振った後のバリエーション

振ったトゲメットは、こうらの色が青になり、動きが速くなる。メットの振るとは違って、かぶることはできない。

動き 通常時 ←→ ○ パタ化後 〜

ゲームスキン

敵 トゲゾー

最小 縦1マス×横1マス
最大 縦2マス×横2マス

倒す	○（スターなど）	羽	△
入れる	×	すり抜ける	×
レール	○	乗せる	○

パーツの特徴

トゲゾーはトゲのついたこうらを持っている亀のキャラクターだ。羽をつけるとトゲを飛ばしながら飛ぶようになる。しかし、トゲゾーの真価は、メットと同じようにこうらをかぶることで発揮される。

▲真上からの攻撃ならいくらでも耐えられる。敵ならそのまま倒すことも可能だ。

振った後のバリエーション

メットと同様に、振るとこうら状態になる。これをかぶると真上からの攻撃が防げるうえ、トゲで敵を倒せるようになる。

動き 通常時 ←→ パタ化後 〜

ゲームスキン

ジュゲム

最小	縦2マス×横1マス
最大	縦2マス×横2マス

パーツの特徴

ジュゲムは雲の上からトゲゾーを投げて攻撃してくる敵だ。この雲の部分にアイテムやキャラクターを入れると、ジュゲムがそれを投げるようになる。アイテムを入れておけば、ボーナスステージのようになる。

倒す	○	羽	○
入れる	○	すり抜ける	×
レール	△（雲のみ）	乗せる	○

▲タレントをゲストに迎えた寺院の節分祭りのようにアイテムが次々とまかれる。

振った後のバリエーション

振るとジュゲムがいなくなり、雲だけになる。この雲に乗って移動することはできるが、一定時間がたつと消えてしまう。

ゲームスキン

動き：通常時 ←→ ／ パタ化後 〜

パックンフラワー

最小	縦1マス×横1マス
最大	縦2マス×横2マス

パーツの特徴

パックンフラワーはその場から動かないため、敵というよりは罠に近い。しかし、ファイアパックンになると、斜めにファイアボールを撃つ手強い敵に変化する。羽をつければジャンプをするようにもなる。

倒す	○（スターなど）	羽	※
入れる	×	すり抜ける	×
レール	○	乗せる	○

▲巨大化させるとファイアボールも大きくなり、脅威度がさらにアップする。

振った後のバリエーション

パックンフラワーを振ると、ファイアパックンに変わる。ファイアパックンはファイアボールを撃って攻撃してくる。

ゲームスキン

※ビーパックンになる

動き：通常時 動きなし ／ パタ化後 ↑

ブラックパックン

最小	縦1マス×横1マス
最大	縦2マス×横2マス

パーツの特徴

ブラックパックンは、パックンフラワーよりも硬く、ファイアマリオのファイアボールを当てたり、スーパースターを使っても倒せない。しかし、でかくつクリボーのくつや、かぶったトゲゾーこうらを使えば倒せる。

倒す	○（巨大化くつ）	羽	※
入れる	×	すり抜ける	×
レール	○	乗せる	○

▲硬いブラックパックンも、でかくつのヒップドロップなら倒すことができる。

⚠ **煙が出る**

ブラックパックンは振っても変化はない。しかし、振りに抵抗するかのように、ムラサキ色の煙を出す。これは花粉？

ゲームスキン

動き：通常時 動きなし ／ パタ化後 ↑

基本パーツ解説

SUPER MARIO MAKER

はじめてみよう編

016

ボムへい 敵

最小	縦1マス×横1マス
最大	縦2マス×横2マス

パーツの特徴

ボムへいは踏んだり、火に接触すると着火状態になり、その後爆発して周囲にダメージを与える。レンガブロックや硬いブロックは、この爆発で壊すことが可能。爆発を利用した仕掛け作りには欠かせない敵だ。

倒す	○(スターなど)	羽	○
入れる	×	すり抜ける	○
レール	○	乗せる	○

| 動き | 通常時 | ← → | パタ化後 | ～ |

▲ボムへいをプレイヤーに着火させるかどうかで、仕掛けの作り方が変わる。

振った後のバリエーション

ボムへいを振ると体が赤くなり、着火状態になる。この状態だと、踏まなくても一定時間で爆発するようになる。

ゲームスキン: SUPER MARIO BROS. / SUPER MARIO BROS. 3 / SUPER MARIO WORLD / NEW SUPER MARIO BROS. U

プー 敵

最小	縦1マス×横1マス
最大	縦2マス×横2マス

パーツの特徴

プーはモグラのように地中に潜んでいる敵だ。攻撃の際は地中から顔を出すが移動はしない。羽をつけると、プーはジャンプ後にしばらく滞空するようになり、チョロプーはジャンプで移動するようになる。

倒す	○	羽	※
入れる	×	すり抜ける	×
レール	○	乗せる	○

| 動き | 通常時 | 動きなし | パタ化後 | ↕ |

▲チョロプーになると地中から出て、アクティブにマリオを追い回すようになる。

振った後のバリエーション

プーを振るとチョロプーに変わる。チョロプーは、プーとは動きが異なり、地中から出て歩き回るようになる。

ゲームスキン: SUPER MARIO BROS. / SUPER MARIO BROS. 3 / SUPER MARIO WORLD / NEW SUPER MARIO BROS. U

カメック 敵

最小	縦1マス×横1マス
最大	縦2マス×横2マス

パーツの特徴

カメックは魔法を飛ばして攻撃してくる敵だ。魔法がレンガブロックや硬いブロックなどに当たると、敵やアイテムに変わる。カメック自体は歩いたり飛ぶことはなく、ワープで移動をする。

倒す	○	羽	※
入れる	×	すり抜ける	×
レール	○	乗せる	○

| 動き | 通常時 | ワープ | パタ化後 | ワープ |

▲カメックの魔法が当たると、ブロックがどんどん敵やアイテムに変わっていく。

ゲームスキン: SUPER MARIO BROS. / SUPER MARIO BROS. 3 / SUPER MARIO WORLD / NEW SUPER MARIO BROS. U

カロン

パーツの特徴

カロンは骨になった亀だが、水中のシーンスキンにした場合のみ、姿が魚型の敵・フィッシュボーンに変わる。なお、カロンは不死身で踏んだだけでは倒せない。羽をつけると上下に飛ぶようになる。

最小	縦1マス×横1マス
最大	縦2マス×横2マス

倒す	○（スターなど）	羽	○
入れる	×	すり抜ける	×
レール	○	乗せる	○

動き	通常時 ←→（水中のフィッシュボーン含む）	パタ化後 ↕

▲フィッシュボーンは、マリオを見つけると目を光らせ、一直線に向かってくる。

ゲームスキン

※このカロンのみ骨を投げる

テレサ

パーツの特徴

テレサはマリオと向き合っていると移動せず、後ろを向いてるときに近づいてくるやっかいな敵だ。テレサを地面ブロックの上下にくっつけると、ネッチーという敵に変えることができる（巨大化は不可）。

最小	縦1マス×横1マス
最大	縦2マス×横2マス

倒す	○（スターなど）	羽	○
入れる	×	すり抜ける	×
レール	○	乗せる	○

動き	通常時 ❄	パタ化後 ❄

振った後のバリエーション

テレサを振ると、分裂して「輪になるテレサ」に変わる。この敵は左右に移動せず、その場でゆっくりと回転を続ける。

▲輪になるテレサはそれ自体が罠のようになる。ブロックの上の敵はネッチーだ。

ゲームスキン

ハナチャン

パーツの特徴

ハナチャンは、イモ虫のような姿のキャラクターだ。横に長い体が特徴で、上から踏んでも怒り状態になるだけで、倒すことはできない。羽をつけた場合は、ジャンプを繰り返しながら移動するようになる。

最小	縦1マス×横1マス
最大	縦2マス×横2マス

倒す	○（スターなど）	羽	※
入れる	×	すり抜ける	×
レール	○	乗せる	○

動き	通常時 ←→	パタ化後 ⌒

振った後のバリエーション

ハナチャンを振ると、通常の状態で踏んだ場合と同じく、赤くなって怒り出す。この状態では移動速度が速くなる。

▲積み上げると頭の部分に敵が重なっていくので、楽しい見た目になる。

ゲームスキン

基本パーツ解説

SUPER MARIO MAKER

はじめてみよう編 018

ワンワン

最小 縦1マス×横1マス
最大 縦2マス×横2マス

倒す	○（スターなど）	羽	※
入れる	×	すり抜ける	×
レール	○	乗せる	○

パーツの特徴
ワンワンはクサリで杭につながれているため、動ける範囲がせまい。通常のワンワンに羽をつけると、かろうじて下方向にも動けるようになる。振った後のワンワンに羽をつけても移動はジャンプのまま。

動き 通常時 杭あり 杭なし　パタ化後 杭あり 杭なし

振った後のバリエーション

振るとワンワンは、クサリをつないでいた杭がなくなり、自由に動き回れるようになる。移動の方法もジャンプに変わる。

▲羽をつけると、360度攻撃できるようになるが、攻撃の届く距離は短い。

ハンマーブロス

最小 縦1マス×横1マス
最大 縦2マス×横2マス

倒す	○	羽	※
入れる	×	すり抜ける	×
レール	○	乗せる	○

パーツの特徴
ハンマーブロスは、ハンマーを投げて攻撃してくる敵だ。左右に小刻みに動きながらハンマーを投げ、たまにジャンプしてくる。羽をつけてもジャンプの高さが変わるだけで、飛ぶことはない。

動き 通常時 　パタ化後

ハンマーを投げる

ハンマーブロスの振った後のバリエーションはないが、振ると抵抗するかのように持っているハンマーを投げる。

▲メットをかぶっていればハンマーを防げる。だが数が多いとかわしきれない。

ドッスン

最小 縦2マス×横2マス
最大 縦4マス×横4マス

倒す	○（スターなど）	羽	○
入れる	×	すり抜ける	×
レール	○	乗せる	○

パーツの特徴
ドッスンは空中に浮かんで待機し、マリオが近づくと急降下で押しつぶそうとする。落ちてくると通常はレンガブロックを、巨大化すると硬いブロックも壊してしまう。羽をつけると、ゆっくりと左右に飛ぶ。

動き 通常時 ↓　パタ化後 ＋

▲メットこうらやトゲゾーこうらは、ドッスンの攻撃にすら耐えられる。

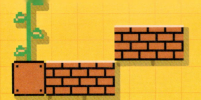   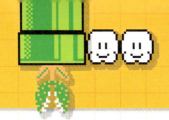

砲台

 敵

最小	縦1マス×横1マス
最大	縦2マス×横2マス

パーツの特徴

砲台は砲弾を一定間隔で発射する敵だ。設置後は砲弾の発射角度を、水平〜上方向180度の範囲から45度刻みで設定できる。でかクイーンくつで真上からヒップドロップ（十字下を押す）すれば倒すこともできる。

倒す	○（でかクイーンくつ）	羽	×
入れる	×	すり抜ける	×
レール	○	乗せる	○

振った後のバリエーション

砲台を振ると色が赤くなり、砲台の弾の速度が速くなる。通常と振った後の砲台では発射スピードが2倍近く違う。

動き	動きなし

▲発射された砲台の弾をタイミングよく踏めば、スーパージャンプもできる。

ゲームスキン：SUPER MARIO BROS. / SUPER MARIO BROS.3 / SUPER MARIO WORLD / NEW SUPER MARIO BROS. U

キラー砲台

 敵

最小	縦2マス×横1マス
最大	縦27マス×横1マス

パーツの特徴

キラー砲台は、キラーという砲弾を発射する敵だ。砲台同様にでかクイーンくつで倒せる。砲台の中にキャラクターやアイテムなどを入れると、それを発射するようになる。活用法はP.40を参照しよう。

倒す	○（でかクイーンくつ）	羽	×
入れる	○	すり抜ける	×
レール	○	乗せる	○

振った後のバリエーション

振った後のキラー砲台は、発射するキラーが誘導式に変わる。中にアイテムなどを入れた場合は、勢いよく飛び出すようになる。

動き	動きなし

▲振った後のキラー砲台が撃つキラーは、マリオを狙って飛んでくる。

クッパ

 敵

最小	縦2マス×横2マス
最大	縦4マス×横4マス

パーツの特徴

クッパは言わずと知れたシリーズ作品のボスキャラクターだ。ゲームスキンごとに固有の攻撃をしてくるのが特徴で、振った後のクッパJr.も含めて、攻撃方法がすべて異なる。体の大きさもさまざまだ。

倒す	○	羽	※
入れる	×	すり抜ける	×
レール	○	乗せる	○

振った後のバリエーション

クッパを振ると、クッパJr.に変わる。クッパJr.の攻撃はクッパとは大きく異なり、ハンマーを投げて攻撃したりする。

動き	通常時	← →	パタ化後	← →

▲ゲームスキンによっては巨大化したクッパJr.が、通常のクッパと同じサイズに。

019

基本パーツ解説

SUPER MARIO MAKER

はじめてみよう編

レンガブロック 〔足場〕

最小	縦1マス×横1マス
最大	縦1マス×横1マス

壊す	○（スーパーマリオワールドはスピンジャンプなど）	羽	○	入れる	○
すり抜ける	○（スーパーマリオワールドのみ）	レール	○	乗せる	○

パーツの特徴

レンガブロックの主な用途
1. 足場として使う
2. カベとして使う
3. アイテムやキャラクターを隠す

レンガブロックは、さまざまな仕掛け作りに活用できる基本のパーツだ。パーツ自体を壊すという特性は、行き止まりで活路を開くことに使わせたり、足場を崩してピンチに陥れたり、埋まったアイテムを掘り出させたりと、アイデアしだいでさまざまな状況を作り出せる。まずはレンガブロックの活用を考えるところから、コース作りを始めよう。

◀ マリオのジャンプ以外にもレンガブロックを壊す方法は多数用意されている。

▶ レンガブロックを一時的にコインに変える、Pスイッチで仕掛け作りの幅を広げるPスイッチも活用しよう。

硬いブロック 〔足場〕

最小	縦1マス×横1マス
最大	縦1マス×横1マス

壊す	○（トゲゾーマリオなど）	羽	○	入れる	×
すり抜ける	×	レール	○	乗せる	○

パーツの特徴

硬いブロックの主な用途
1. 行き止まりや進入できないカベを作る
2. サブエリアを複数の領域に分ける

硬いブロックは、レンガブロックにつぐ基本的なパーツだ。「硬い」というだけあって、レンガブロックよりも強度があるぶん、カベや床を作るだけで、マリオが容易に進入できない場所を簡単に作れる。なお、下から叩いても衝撃を伝えず、敵を倒すことはできない。建物のような階層構造のコースを作った際、下から敵を倒されたくない場合に使おう。

◀ 硬いブロックも巨大化させたクッパの前ではひとたまりもない。

▶『マリオU』クッパの体当たりなどは硬いブロックを壊せる

▶ カメックの魔法は、レンガブロックや硬いブロックなどに効果がある。カメックの魔法は意外に強力

地面 〔足場〕

最小	縦1マス×横1マス
最大	縦1マス×横1マス

壊す	×	羽	×	入れる	×
すり抜ける	×	レール	×	乗せる	○

パーツの特徴

地面の主な用途
1. 最も頑丈な点をいかして敵の攻撃を防ぐ
2. コースのセーフティネットとして使う

足場だけでなく、すべてのパーツのなかで最も硬いのが地面だ。これは巨大化したクッパの体当たりでも壊れず、カメックの魔法でも変化しない。それだけにコース作りの土台となるパーツで、最下段のマスに地面として敷くことを基本に、高く積み上げて山にしたり、分厚いカベにしたり、絶対に進入できない場所を作ることに使える。

◀ 巨大化したドッスンは硬いブロックを壊せるが、地面を壊すことはできない。

▶ ドッスンの急降下も防げる

▶ 地面は『スーパーマリオ3』の巨大化したクッパが使うヒップドロップでも壊せない。クッパのヒップドロップも無効化

土管

最小	縦2マス×横2マス		
最大	縦26マス×横2マス		

パーツの特徴

土管は、足場としてもサブエリアへの入り口としても使えるパーツだ。サブエリアは土管にマリオを入れると作れるようになる（具体的な作り方はP.40を参照）。土管は上下左右に向きを変えて置ける点と、長く伸ばせる点をいかして、土管だけで地形を作ることもできる。なお、土管にアイテムやキャラクターを入れれば、そこから出現するようになる。

壊す	×	羽	×	入れる	○
すり抜ける	×	レール	×	乗せる	○

◀ 土管からいろいろなアイテムが落ちてくるパワーアップ選択システムが作れる。

ゲームスキン

音符ブロック

最小	縦1マス×横1マス
最大	縦1マス×横1マス

パーツの特徴

音符ブロックは、マリオや他のキャラクターが乗ると跳ねるパーツだ。ジャンプ台と違うのは、中にパーツを入れられる点と、跳ねるときに音が出る点。振った後の楽器ブロックは、縦方向の配置場所によって音階が変わり、上に乗ったキャラクターによって音色も変わるなど、パーツの独自色がさらに強くなっている。楽器ブロックの使い方についてはP.44を参照しよう。

壊す	×	羽	○
入れる	○	すり抜ける	×
レール	○	乗せる	○

振った後のバリエーション

音符ブロックを振ると、音符のマークが4分音符から8分音符に変わり、パーツの名前も楽器ブロックになる。

▲ 音符ブロックと楽器ブロックは、音を鳴らすという点では使い方が異なる。

ゲームスキン

氷ブロック

最小	縦1マス×横1マス
最大	縦1マス×横1マス

パーツの特徴

氷ブロックは、上に乗るとツルっとすべってしまうブロックだ。この特性のため、配置するだけで落ちやすい、止まりにくいといった難しい足場になる。さらに、走った状態で氷ブロックに乗ったり、氷ブロックの上でジャンプ台にはじかれたりすると、よりすべるようになる。これを使って、足元のおぼつかないコースや、すべって攻略するコースを作ろう。

壊す	○（トゲゾーマリオなど）	羽	○	入れる	×
すり抜ける	×	レール	○	乗せる	○

◀ 氷ブロックの上によにジャンプ台を向き合わせて置くと、延々と跳ね続ける。

ゲームスキン

基本パーツ解説

021

SUPER MARIO MAKER

はじめてみよう編

022

 足場 **ハテナブロック**

最小 縦1マス×横1マス
最大 縦1マス×横1マス

壊す	○(トゲゾーマリオなど)	羽	○	入れる	○
すり抜ける	×	レール	○	乗せる	○

パーツの特徴

　ハテナブロックは、ハテナマークが書かれたブロックだ。原作では「中から何が出るかわからない」ためハテナマークがついている。しかし、いろいろなパーツの中にアイテムを隠せる本作では、「何かが入っていることがひと目でわかるブロック」としての意味合いが強い。したがって、確実に取ってほしいアイテムなどは、ハテナブロックに入れておこう。

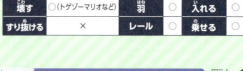

◀コースの突破に必要なアイテムはハテナブロックに入れよう。何も入れないとコインになる。

ゲームスキン

 足場 **透明ブロック**

最小 縦1マス×横1マス
最大 縦1マス×横1マス

壊す	×	羽	○	入れる	○
すり抜ける	○	レール	○	乗せる	×

パーツの特徴

　透明ブロックは、見えないブロックとしてコース内に配置できるパーツだ。この中に1UPキノコなどのアイテムを入れて宝箱代わりにしたり、ツタやジャンプ台などを隠しておいて、脱出ルートのカギにするといい。その際、透明ブロックを配置した場所をなんとなくわかってもらうために、行き止まりにおく、矢印マークで指す、といった方法でヒントを与えよう。

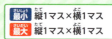

◀透明ブロックで登っていく仕掛け。矢印マークで透明ブロックの存在を匂わす。

ゲームスキン

 足場 **ベルトコンベア**

最小 縦1マス×横3マス
最大 縦1マス×横9マス

壊す	×	羽	×
入れる	×	すり抜ける	×
レール	×	乗せる	○

パーツの特徴

　ベルトコンベアは、上に乗せたパーツを右か左に運ぶことができる足場だ。これを使えば、マリオを強制的に先に進ませて、目の前に現れる罠をかわさせたり、ベルトコンベアで敵が続々と運ばれてくる罠などを作れる。また、アイテムやスイッチを運べる点を利用して、PスイッチやPOWブロックがマリオの元まで自動で運ばれてくる仕組みも作れる。

▲Pスイッチがベルトコンベア上を左に移動しながら運ばれてくる仕組み。

振った後のバリエーション

振った後の高速ベルトコンベアは、三角マークの数が増え、色も青に変わる。コンベアが流れる速度も青のほうが速くなる。

ゲームスキン

キノコ地形 [足場]

壊す	×	羽	×	入れる	×
すり抜ける	○	レール	×	乗せる	○

最小 縦3マス×横3マス
最大 縦27マス×横9マス

パーツの特徴

キノコ地形の主な用途
1. 『スーパーマリオ』シリーズの舞台であるキノコ王国らしさを出す
2. 複数のキノコ地形を重ねて奥行を出す

キノコ地形は、巨大なキノコの形をした足場のパーツだ。半当たり地形のように、ジャンプで上に乗れるほか、キノコの傘の下は柄の部分も含めて通り抜けることができる。また、キノコの傘と柄の部分も含め、お互いに重ね合わせて配置できるため、森のように茂ったキノコを作ったり、垂直に積み上げてジャンプで登っていく塔のような足場も作れる。

振った後のバリエーション

キノコ地形は、振ると写真の色違いのパーツに変わる。機能的な違いはないので、コース上をにぎやかにするために使い分けよう。

半当たり地形 [足場]

壊す	×	羽	×	入れる	×
すり抜ける	○	レール	×	乗せる	○

最小 縦3マス×横3マス
最大 縦27マス×横20マス

パーツの特徴

半当たり地形の主な用途
1. 重ねて使うことで立体感のある地形を作る
2. シーンスキンの背景に合わせたセットを作る

半当たり地形は、パーツの上部以外は通り抜けることができる、「半分だけ当たり判定のある地形」だ。パーツの上から下以外は通り抜けられるため、コースを作る際はあまり邪魔にならないのが特徴だ。そのうえ縦27マス×横20マスと巨大なサイズにして使えるのも便利だ。背景を奥行のある凝ったデザインにしたい場合は積極的に使おう。

振った後のバリエーション

背景の1パーツながら、振ると全3種から選べ、シーンスキンごとにデザインも変わるなどパターンが豊富。これだけあれば、半当たり地形を使うだけでも凝った背景を作れる。

リフト [足場]

壊す	×	羽	○
入れる	×	すり抜ける	○
レール	○	乗せる	○

最小 縦1マス×横4マス
最大 縦1マス×横4マス

パーツの特徴

リフトは、おくだけで動き出す数少ない足場の1つ。4マスぶんある横幅は、ジャンプで乗り移りやすく、空中のほかにレールの上においても安定した足場になる。せまい足場が連続するような場所では、ところどころにリフトをおくだけで安心感を与えられるだろう。リフトはレールと組み合わせるとPスイッチなどを運ぶ機械のように使うこともできるため、からくり仕掛けのコースを作るのにも欠かせないパーツだ。

幅広の足場で登りやすい仕掛けにする

▲振った後の落ちるリフトは乗るとすぐに落ちるが、幅広のために渡りやすい。

振った後のバリエーション

リフトを振るとパーツの色が変わり、マリオが乗るとすぐ落ちる特性に変わる。レールに乗せれば落ちなくなるが、マリオが乗るまでその場で待機するようになる。

基本パーツ解説 023

SUPER MARIO MAKER

はじめてみよう編

橋（足場）

最小 縦1マス×横3マス
最大 縦1マス×横20マス

壊す	×	羽	×	入れる	×
すり抜ける	○	レール	×	乗せる	○

パーツの特徴

橋はその名のとおり、橋をかけてマリオや敵が通れるようにするパーツ。最大20マスぶんまで横に伸ばして使えるのが特徴だ。空中に見栄えのいい通路を作りたい場合、特に深い谷間に橋がかかるようなコースを作るにはぴったりのパーツだろう。ジャンプで下からすり抜けて上がれるため、短い橋を上下に並べて、空中を上がっていく足場に使ってもいい。

▶「山の谷にかかる橋」などはイメージしやすいだろう。

ゲームスキン

溶岩リフト（足場）

最小 縦1マス×横4マス
最大 縦1マス×横4マス

壊す	×	羽	×
入れる	×	すり抜ける	○
レール	○	乗せる	○

パーツの特徴

原作の溶岩リフトは、クッパの城などの溶岩がある場所におかれていることが多かった。このパーツをそのまま配置した場合は、マリオが乗ると水平方向に移動し、一定時間がたつと下に落ちてしまう。この特性はレールに乗せた場合も同様だ。振った後は下に落ちなくなるので、レールでジェットコースターを作るときなどに、コースター代わりにするといい。

振った後のバリエーション

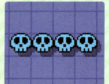

▲通常の溶岩リフトは途中で落ちるので、乗り換え用の溶岩リフトをおいておこう。

振ると色が変わり、移動速度が速くなる。また、通常は乗ると一定時間で落ちてしまうが、振った後は落ちなくなる。

ゲームスキン

雲ブロック（足場）

最小 縦1マス×横1マス
最大 縦1マス×横1マス

壊す	×	羽	○	入れる	×
すり抜ける	○	レール	○	乗せる	○

パーツの特徴

雲ブロックは雲の形をした足場のパーツ。これは飛行船のシーンスキンを使う場合や、地上のシーンスキンで上のほうにブロックをおく場合など、パーツから空を感じさせたいときに使うといい。また、ジャンプで下から上がれるという特性を使って、POWブロックや、かぶれるメットこうらをおく台にしてもいい。ちなみにドッスンが落下して当たると消えてしまう。

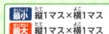
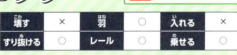

並べて足場にすれば、マリオが高い場所に来た雰囲気を演出できる。

ゲームスキン

足場 ちくわブロック

| | 最小 | 縦1マス×横1マス |
| | 最大 | 縦1マス×横1マス |

壊す	×	羽	○	入れる	×
すり抜ける	○	レール	○	乗せる	○

パーツの特徴

ちくわブロックは、ちくわを輪切りにしたように真ん中に穴があいたブロックだ。上に乗るとパーツの色が赤くなり、左右に揺れ始める。ここでそのまま乗り続けていると下に落ちてしまう。通常の溶岩リフトも一定時間がたつと下に落ちるが、ちくわブロックの場合は、その後もとの場所にパーツが復活する。足場を跳んで渡るような場面に使えば、再挑戦がしやすくなる。

◀足場を素早く渡っていくようなコースを作りたい場合に役立つパーツだ。

ゲームスキン

仕掛け Pスイッチ

| | 最小 | 縦1マス×横1マス |
| | 最大 | 縦1マス×横1マス |

壊す	×	羽	○	入れる	×
すり抜ける	×	レール	○	乗せる	○

パーツの特徴

踏むと一定時間だけコインとレンガブロックを入れ替えられるパーツだ。このスイッチは、マリオと敵の両方が踏める仕掛け専用のパーツ。行き止まりのレンガブロックをコインに変えて通れるようにしたり、空中のコインをレンガブロックに変えて渡れるようにする、といった使い方ができる。またその効果中はベルトコンベアの動きが止まる。

◀レンガブロックをコインに変えてクッパを落としつつ、土管への入口も開く。

ゲームスキン

仕掛け POWブロック

| | 最小 | 縦1マス×横1マス |
| | 最大 | 縦1マス×横1マス |

壊す	○	羽	○	入れる	×
すり抜ける	×	レール	○	乗せる	○

パーツの特徴

POWブロックは、投げて地面に落としたり下からジャンプして叩いたりすると、地面に衝撃が広がり、歩いている敵を倒すことができる。この際、タワー化した敵は、地面に触れている一番下の敵しか倒すことができない。また、物を持つアクションがあるゲームスキンを使っている場合は、POWブロック自体を敵にぶつけて倒すこともできる。

◀敵に投げて直接攻撃しつつ、POWブロックが地面に落ちれば衝撃で倒せる。

ゲームスキン

025

基本パーツ解説

SUPER MARIO MAKER

はじめてみよう編 026

仕掛け ドア

最小 縦2マス×横1マス
最大 縦2マス×横1マス

壊す	×	羽	×	入れる	×
すり抜ける	○	レール	×	乗せる	×

ドアの模様（4種）

振った後のバリエーション

ドア ⇔ Pドア カギドア

振ると、開け方が異なる3種類のドアに変化。

パーツの特徴

ドアは2つが1組になったパーツで、片方に入るともう片方へワープできる。メインエリアとサブエリアに4組ずつ設置可能。Pドアは Pスイッチを踏むと出現するドアで、踏むまでは消えている。カギドアはカギを使って開けられるドアだ。いずれのドアも同じエリア内でしか使えないため、例えばメインエリアとサブエリアをつなげたり、別のコースにつなげることはできない。

▶ドアを何度もタッチしてノックすると、見慣れないキャラクターが姿を現す。

ゲームスキン：SUPER MARIO BROS. / SUPER MARIO BROS. 3 / SUPER MARIO WORLD / NEW SUPER MARIO BROS. U

仕掛け ツタ

最小 縦3マス×横1マス
最大 縦27マス×横1マス

壊す	×	羽	×	入れる	×
すり抜ける	○	レール	×	乗せる	×

パーツの特徴

ツタはマリオがつかまって登ったり降りたりできるパーツだ。最大27マスまで長さを自由に調節できるので、ジャンプ以外の方法でマリオを上下に移動させたいときは、これを使うといい。また、レンガブロックの中に隠して、そこからツタを伸ばした場合は、ツタの伸びる先に足場などのパーツを置いておかないと、一番上まで伸びてしまうので注意しよう。

▶ツタをたくさん垂らせば、ジャンプで飛び移りながら進む仕掛けも作れる。

ゲームスキン：SUPER MARIO BROS. / SUPER MARIO BROS. 3 / SUPER MARIO WORLD / NEW SUPER MARIO BROS. U

仕掛け 一方通行カベ

最小 縦2マス×横2マス
最大 縦2マス×横2マス

壊す	×	羽	×	入れる	×
すり抜ける	○	レール	×	乗せる	○

パーツの特徴

一方通行カベは、矢印方向にしか通り抜けられないパーツだ。足場パーツのキノコ地形なども「真下からの垂直ジャンプで上がれるが、足場の上から真下には降りられない」という点では、同じ一方通行の特性を持っている。しかし、一方通行カベが違うのは、上下左右の向きを設定できる点と、組み合わせによって行き止まりも作れる点だ。

▶カベ側から入れない特徴を使って、カベキックで登る足場に利用できる。

ゲームスキン：SUPER MARIO BROS. / SUPER MARIO BROS. 3 / SUPER MARIO WORLD / NEW SUPER MARIO BROS. U

仕掛け 矢印マーク

最小 縦2マス×横2マス
最大 縦2マス×横2マス

壊す	×	羽	×	入れる	×
すり抜ける	○	レール	×	乗せる	×

パーツの特徴

　矢印マークは、8方向に向きを変えておくことができるパーツだ。方向を指し示す以外の機能はないので、矢印で指すことに意味をもたせることが重要だ。例えば、コースの順路を示すという基本的な使い方以外にも、特定の場所を指して、そこにマリオを立たせたり、Pスイッチを指して踏むように注意を促すなど、メッセージを含んだ使い方をしてみよう。

◀ 並んだ数字に対応したハテナブロックを叩くよう、注意を促している使い方。

ゲームスキン

仕掛け ジャンプ台

最小 縦1マス×横1マス
最大 縦1マス×横1マス

壊す	×	羽	○
入れる	×	すり抜ける	○
レール	○	乗せる	○

パーツの特徴

　ジャンプ台は、バネの形をしたトランポリンのようなパーツだ。この上に乗ったキャラクターや一部のパーツは、大きく跳ねることができる。マリオの場合は、この上でジャンプするとさらに高く跳べるようになる。ジャンプ台の上にほかのジャンプ台を乗せたり、音符ブロックの上にジャンプ台を乗せると、互いの反発力でより高く跳べるようになる。振ると横向きで使える。

▲ジャンプ台だらけのコースを作ると足場が不安定になり、難度が上がる。

振った後のバリエーション

振ると90度傾いたよこジャンプ台になる。この状態だと左右方向に対してパーツを弾ませることができるようになる。

ゲームスキン

仕掛け レール

最小 縦1マス×横3マス
最大 縦3マス×横3マス

壊す	×	羽	×
入れる	×	すり抜ける	○
レール	×	乗せる	○

パーツの特徴

　レールの上にほかのパーツを乗せると、好きな方向に動かすことができる（乗せられるパーツの詳細はP.54を参照）。レールは背景に近い扱いで、マリオにぶつかることもなければ、パーツ単体で機能することもない。しかしその用途は広く、リフトを使ってマリオや敵を運んだり、敵の動きをコントロールすることにも使える。楽器ブロックを使った演奏にも欠かせないパーツだ。

▲レールの上に高速溶岩リフトを乗せるとジェットコースターが作れる。

振った後のバリエーション

1 **2**

斜めにおいた直線のレールは、振ると1・2のように湾曲したパターンに変わる。斜め方向においたレールはすべて有効だ。

ゲームスキン

027

基本パーツ解説

SUPER MARIO MAKER

はじめてみよう編

028

 仕掛け **羽**

最小	なし				
最大	なし				

| 壊す | × | 羽 | × | 入れる | × |
| すり抜ける | × | レール | × | 乗せる | × |

パーツの特徴

羽は単体でコース内に配置することはできない。これはほかのパーツに重ねることで、羽をつけられる機能だ。羽をつけると基本的にそのパーツは飛ぶようになる。ただし、すべてのパーツに羽をつけられるわけではなく、羽がついたら必ずしも飛ぶわけではない。羽がつけられるパーツの種類についてはP.54を、羽をつけたあとの変化についてはP.38を参照しよう。

◀羽がついたレンガブロックを船の形に並べれば、飛行船を作ることができる。

ゲームスキン

仕掛け **中間ポイント**

最小	縦2マス×横2マス
最大	縦2マス×横2マス

| 壊す | × | 羽 | × | 入れる | × |
| すり抜ける | ○ | レール | × | 乗せる | × |

パーツの特徴

コースに設置した中間ポイントに触れると、それ以降にミスした場合は中間ポイントからの再開になる。中間ポイントは、メインエリアとサブエリアに1つずつ置くことができる。設置する時は8方向に向きを変えられるほか、空中に置くこともできる。中間ポイントを通過すると、ちびマリオはスーパーマリオにパワーアップする（スーパーマリオの時は変化なし）。

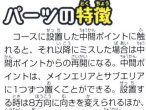

◀中間ポイントは空中にも置けるため、レンガブロックで埋めることもできる。

ゲームスキン

パーツお役立ちコラム ～パーツを代用する～

選んだゲームスキンによって内容が変わる固有アクション。本来は各ゲームスキン専用のアクションだが、パーツの組み合わせしだいで、ほかのゲームスキンでも同じようなアクションが使えるようになる。ここでは代表的な方法をいくつか紹介しよう。

1 ヨッシーのふんばりジャンプ

ふんばりジャンプは、ヨッシーが登場する『NewスーパーマリオブラザーズU』専用のアクション。しかし『スーパーマリオブラザーズ』と『マリオ3』のくつクリボーに羽をつけるだけで、ふんばりジャンプと同じアクションが使えるようになる。

◀通常のジャンプよりも長い距離を跳べるふんばりジャンプ。

◀くつクリボーやクイーンくつクリボーに羽をつけるだけでOKだ。

2 マリオのヒップドロップ

ジャンプ後に真下のレンガブロックを壊せる『マリオU』のヒップドロップは、でかクイーンくつでもできる。『スーパーマリオワールド』の場合は、スーパーマリオ状態でスピンジャンプをすれば同じ効果を得られる。

◀レンガブロックならまとめて壊せる。

▶クイーン～の場合は硬いブロックも壊せる。

3 その他の代用できるアクション

『3』のしっぽマリオでのしっぽ攻撃は『ワールド』のマントマリオで（ブロックは破壊不可）、マントマリオの飛行はジュゲムの雲やクッパクラウンで代用できる。

◀トゲゾーこうらをかぶるとブロックを壊せる。

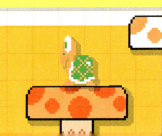

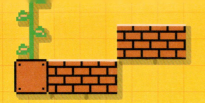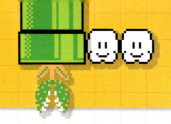

スーパーキノコ 〔アイテム〕

最小 縦1マス×横1マス
最大 縦1マス×横1マス

壊す	×	羽	○	入れる	×
すり抜ける	×	レール	○	乗せる	×

パーツの特徴

スーパーキノコは、ちびマリオが取ると倍の大きさのスーパーマリオに変身できるアイテムだ。スーパーマリオになると、レンガブロックを下から叩いて壊せるようになる。スーパーマリオのときにもう一度スーパーキノコを取った場合など1000点獲得できる。スーパーキノコを敵に使うと、巨大化させることができる。スーパーキノコの使い方はP.36を参照しよう。

◀巨大化したキャラクターを使って、コースを水族館風にしてみた。

ゲームスキン

スーパースター 〔アイテム〕

最小 縦1マス×横1マス
最大 縦1マス×横1マス

壊す	×	羽	○	入れる	×
すり抜ける	×	レール	○	乗せる	×

パーツの特徴

スーパースターは、マリオが取ると一定時間無敵になれるアイテム。無敵になっている間はBGMが変わり、敵キャラクターを体当たりで倒せるようになる。この効果は、ボスキャラクターのクッパですら一撃で倒せるほどだ。スーパースターはマリオにしか使えず、無敵以外の効果もないが、星型というパーツの特徴をいかして、装飾に使うことができる。

◀スーパースターを装飾に使う場合は、動き回らないようレールなどを使おう。

ゲームスキン

1UPキノコ 〔アイテム〕

最小 縦1マス×横1マス
最大 縦1マス×横1マス

壊す	×	羽	○	入れる	×
すり抜ける	×	レール	○	乗せる	×

パーツの特徴

1UPキノコは、取るとマリオの残り人数を1人増やせるアイテム。ゲームのバランスを左右する重要なパーツだけに、置く場所や数は慎重に考えよう。仕掛け重視のテクニカルなコースなら、1UPキノコの出現数をおさえたほうがプレイに緊張感を持たせることができる。反対に、アイテムを山ほど取らせるようなお遊びのコースなら、盛り上げるために景気よく出現させよう。

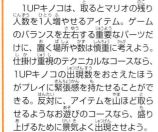

◀1UPキノコを使わなくても1UPが狙えるようにコースを作ろう。

ゲームスキン

029 基本パーツ解説

SUPER MARIO MAKER

はじめてみよう編

ファイアフラワー【アイテム】

最小 縦1マス×横1マス
最大 縦1マス×横1マス

壊す	×	羽	○	入れる	×
すり抜ける	×	レール	○	乗せる	×

パーツの特徴

ファイアフラワーは、取るとファイアマリオに変身できるアイテム。ファイアマリオになると、ファイアボールを撃てるようになる。飛び道具が使えれば、群がる敵を相手にしたり、積み上がった敵を崩したり、高いところから攻撃したりと、戦い方が変わるため、コースの作り方も変わってくる。ファイアフラワーを配置したら、それをいかせるような仕掛けも作っておこう。

▶『スーパーマリオワールド』や『マリオU』は両側にファイアボールを撃てる。

ゲームスキン

コイン【アイテム】

最小 縦1マス×横1マス
最大 縦1マス×横1マス

壊す	×	羽	○		
入れる	×	すり抜ける	×		
レール	○	乗せる	×		

パーツの特徴

コインは、100枚集めるごとにマリオを1UPできるアイテム。コースに散りばらせて宝物の代わりにするといいだろう。コインを振るとピンク色のピンクコインになる。このアイテムは「配置した枚数をすべて集めたときにカギが出現する」という機能がある。例えばコースにピンクコインを10枚配置したときは、10枚目を取ったときにカギが出現するわけだ。

振った後のバリエーション

ピンクコインは、マリオが直接触れて取る以外に、ノコノコのこうらをぶつけて取ることもできる。謎解きコースなどで活用しよう。

▲キラー砲台にコインを入れて、ちょっとした億万長者気分を味わってもらおう。

ゲームスキン

パワーアップアイテム【アイテム】

最小 縦1マス×横1マス
最大 縦1マス×横1マス

壊す	×	羽	○	入れる	×
すり抜ける	×	レール	○	乗せる	×

パーツの特徴

ここではゲームスキンによって内容が変わる4種類のアイテムを、まとめてパワーアップアイテムとしている。内容は『M1』の「変なキノコ」、『M3』の「スーパーこのは」、『MW』の「マント羽根」、『MU』の「プロペラキノコ」だ。これらのアイテムでマリオが変身すると、例えば『MW』のマントを使った上昇や下降のように、ゲームスキン固有のアクションが使えるようになる。

▶変なキノコをマリオ以外に使った場合は、スーパーキノコと同じ効果を発揮する。

ゲームスキン

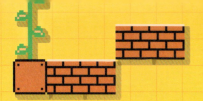

カギ

アイテム

最小	縦1マス×横1マス
最大	縦1マス×横1マス

壊す	×	羽	×	入れる	×
すり抜ける	×	レール	×	乗せる	×

パーツの特徴

「カギ」はカギドア（ドアを振って変化させる）を開けるために必要なアイテム。カギとカギドアはセットで使うことが基本だ。カギドアはメインエリアとサブエリアそれぞれ4組（8個）まで設置することができるが、カギはそれ以上の数を置ける。つまり、コース内にカギドアよりも多くのカギをおいておけば、コースの難度を下げることができるわけだ。

◀ カギは敵に持たせたり、レンガブロックなどの中に隠すこともできる。

ゲームスキン

ガリガリ

罠

最小	縦3マス×横3マス
最大	縦3マス×横3マス

壊す	×	羽	×
入れる	×	すり抜ける	×
レール	○	乗せる	×

パーツの特徴

ガリガリは丸ノコギリの形をした罠だ。縦横3マスぶんの大きさがあり、振るとマルマルというパーツに変化する。設置するとその場で回転し始め、レールの上に乗せない限り、移動することはない。どの方向から触れてもダメージを受ける。ただしメットこうらやトゲゾーこうらをかぶっているときは、下からジャンプしてぶつかっても無傷だ。

▲ 勢いよくはじかれてしまうが、メットこうらやトゲゾーこうらをかぶっていれば無傷で済む。

振った後のバリエーション

振った後のパーツは、浮き輪のような形をしたマルマル。マリオが触れてもダメージを受けないが、跳ね飛ばされてしまう。

ゲームスキン

バブル

罠

最小	縦1マス×横1マス
最大	縦2マス×横2マス

壊す	○（トゲゾーをかぶるなど）	羽	○	入れる	×
すり抜ける	×	レール	○	乗せる	×

パーツの特徴

バブルは大きな火球が下から跳び上がる罠。地形の影響を受けず、おいた場所で跳び上がりと落下を繰り返す（横方向には移動しない）。水中のシーンスキンにすると、水の中ということもあってか、少し動きが遅くなる。なお、羽をつけると斜めに飛ぶようになり、ブロックなどにぶつかると方向転換をして、再び斜めに飛んでいく。つねに斜め移動なので意外とよけやすい。

◀ 羽をつけると急に動きが大きくなる。せまい場所に配置するとよけにくい敵だ。

ゲームスキン

基本パーツ解説

SUPER MARIO MAKER

    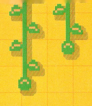

はじめてみよう編

バーナー

縦1マス×横1マス / 縦1マス×横1マス

パーツの特徴

バーナーは長い炎を勢いよく噴きだす罠だ。本体を回転させて設置すれば、上下左右に炎を噴きだすことができる。炎は約4秒間隔で噴射と停止を繰り返し、強制的に止めたり、間隔を変えることはできない。バーナー本体と炎が噴きだす3つぶんのマスの上には、レンガブロックなどの足場やレールを重ねて置くことができる（バーナーを置いたあとに該当パーツを置く）。

壊す	×	羽	×
入れる	×	すり抜ける	×
レール	○	乗せる	○

振った後のバリエーション

▲通常と振った後のバーナーを同時に使えば、常に炎が噴きだす状態を作れる。

炎が黒くなったバーナーは、通常のバーナーの噴射が終わったタイミングで噴射を始める。通常のと並べれば交互に噴射できる。

ゲームスキン

トゲ地形

縦1マス×横1マス / 縦1マス×横1マス

パーツの特徴

トゲ地形はマリオが触れるとダメージを与えるシンプルな罠だ。振ったときのバリエーションはなく、ゲームスキンやシーンスキンを変更しても、デザイン以外に機能の変化はない。そういう意味では罠として完結しているパーツだ。トゲ地形は背景のようなパーツで、レールを使って動かすことはできないが、トゲ地形をおいた上に、重ねてレールをおくことができる。

壊す	×	羽	×	入れる	×
すり抜ける	×	レール	×	乗せる	○

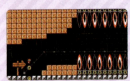 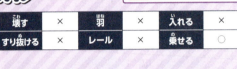

▶破壊も通り抜けることもできないので、床やカベに使うと危険な迷路が作れる。

ゲームスキン

ファイアバー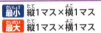

縦1マス×横1マス / 縦1マス×横1マス

パーツの特徴

ファイアバーは、マス1つぶんの土台を中心に、連なった火の玉が回転する罠のパーツだ。振っても変化しないものの、火の玉の長さと回転方向を変えられる。さらに、火の玉の回転開始角度を5度刻みで設定できるため、ファイアバーを複数並べたときに、火の玉の動きを演出に使うこともできる。火の玉が下に向いているときは、土台部分に乗ることも可能だ。

壊す	×	羽	×	入れる	×
すり抜ける	×	レール	○	乗せる	○

 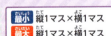 

▶5度刻みで設定できるパーツはこれだけ。火の玉の長さも変えられる。

ゲームスキン

トゲ棍棒

最小	縦4マス×横4マス
最大	縦12マス×横4マス

壊す	×	羽	×	入れる	×
すり抜ける	×	レール	×	乗せる	○

パーツの特徴

トゲ棍棒を設置すると、トゲの付いた棍棒が伸縮を繰り返す罠になる。設置方向は縦か横で、長さは最大で12マスにもなり、罠のなかでは最大級のサイズだ。棍棒が伸びた先にレンガブロックがあった場合は、破壊して貫通する。硬いブロックの場合は破壊していったん戻り、地面の場合は破壊することができない。なお、敵がいた場合は倒さずにすり抜けていく。

▶ 棍棒が伸びてくる根本の部分は、上に乗ることができるため、足場代わりに使える。

ゲームスキン

クッパクラウン

最小	縦2マス×横2マス
最大	縦4マス×横4マス

壊す	×	羽	×
入れる	×	すり抜ける	×
レール	○	乗せる	○

パーツの特徴

クッパクラウンはマリオが自由に空を飛べるようになる乗り物だ。乗ったままほとんどの敵を上から踏んで倒せるほか、トゲ地形の上に乗ってもダメージを受けないという特徴もある。振った後は、ダッシュボタンでファイアボールが撃てるファイアクッパクラウンになる。さらに、ファイアマリオの状態で乗れば、ファイアボールが3方向に撃てるようになる。

▲ファイアクッパクラウンのファイアボール攻撃をいかせば、シューティングゲーム風のコースも作れる。

振った後のバリエーション

ファイアクッパクラウンはファイアボール攻撃に加え、ダッシュボタンを長押しした後に離すことで、強力なタメ撃ち攻撃もできる。

ゲームスキン

ヨッシーのタマゴ（くつクリボー）

最小	縦1マス×横1マス
最大	縦2マス×横2マス

壊す	×	羽	○
入れる	×	すり抜ける	×
レール	○	乗せる	○

パーツの特徴

ゲームスキンによって、くつクリボーとヨッシーのどちらを使えるかが変わる。くつクリボーは羽とスーパーキノコを使った強化が可能だが、ヨッシーのタマゴにスーパーキノコを使えばヨッシーが2体になる。ヨッシーはゲームスキンによって、ヒップドロップが使える場合と使えない場合がある。両方ともトゲ地形などの上を歩けるといった特徴がある。

▲振った後のクイーンくつは巨大化するとキラー砲台や砲台を倒すことができる。

振った後のバリエーション

1
2

振って形が変わるのはくつクリボーのみ。『スーパーマリオブラザーズ』は1、『M3』は2のクイーンくつクリボーになる。

ゲームスキン

基本パーツ解説

033

SUPER MARIO MAKER

お役立ちデータリスト 1 パーツの開放条件

「つくる」のパーツは最初からすべて使えるわけではなく、「スーパーマリオチャレンジ」で、特定のワールドをクリアするごとに開放されていく。

■ワールド別の開放内容

ワールド	形	パーツ名	ワールド	形	パーツ名
W1		ジュゲム	W11		ブラックパックン
		橋			ガリガリ
W2		ブー	W12		ハナチャン
		雲ブロック			Pスイッチ
W3		ドッスン			Pドア（ドアを振った後）
		ツタ			くつクリボー
W4		ファイアパックン（パックンフラワーを振った後）	W13		クイーンくつクリボー（くつクリボーを振った後）
		キノコ地形			ヨッシーのタマゴ
W5		バブル			砲台
		メット	W14		クッパクラウン
		透明ブロック			一方通行カベ
W6		トゲメット	W15		メットこうら（メットを振った後）
		音符ブロック			ベルトコンベア
		楽器ブロック（音符ブロックを振った後）			トゲゾーこうら（トゲゾーを振った後）
		チョロプー（ブーを振った後）	W16		マルマル（ガリガリを振った後）
W7		ボムへい			溶岩リフト
		矢印マーク	W17		カメック
W8		トゲゾー			トゲ棍棒
		POWブロック			ファイアクッパクラウン（クッパクラウンを振った後）
W9		輪になるテレサ（テレサを振った後）	W18		カギ
		よこジャンプ台（ジャンプ台を振った後）			カギドア（ドアを振った後）
W10		ワンワン	W19		クッパJr.（クッパを振った後）
		氷ブロック			ピンクコイン（コインを振った後）

■パーツカテゴリー別の開放条件

種類	形	パーツ名	標準パーツ	形	振った後のパーツ
敵		ノコノコ	—		—
		クリボー	—		×
		ゲッソー	—		—
		プクプク	—		—
		メット	W5		W15（メットこうら）
		トゲメット	W6		—
		トゲゾー	W8		W16（トゲゾーこうら）
		ジュゲム	W1		—
		パックンフラワー	—		W4（ファイアパックン）
		ブラックパックン	W11		×
		ボムへい	W7		—
		ブー	W2		W6（チョロプー）
		カメック	W17		×
		カロン	—		×
		テレサ	—		W9（輪になるテレサ）
		ハナチャン	W12		—
		ワンワン	W10		—
		ハンマーブロス	—		×

種類	形	パーツ名	標準パーツ	形	振った後のパーツ
敵		ドッスン	W3		×
		砲台	W13		—
		キラー砲台	—		—
		クッパ	—		W19（クッパJr.）
足場		レンガブロック	—		×
		硬いブロック	—		×
		地面	—		×
		土管	—		×
		音符ブロック	W6		W6（楽器ブロック）
		氷ブロック	W10		×
		ハテナブロック	—		×
		透明ブロック	W5		×
		ベルトコンベア	W15		×
		キノコ地形	W4		×
		半当たり地形	—		×
		リフト	—		×
		橋	W1		×
		溶岩リフト	W16		×
		雲ブロック	W2		×
		ちくわブロック	—		×
		Pスイッチ	W12		×
		POWブロック	W8		×
仕掛け		ドア	—		W12（Pドア）
					W18（カギドア）
		ツタ	W3		×
		一方通行カベ	W14		×
		矢印マーク	W7		×
		ジャンプ台	—		W9（よこジャンプ台）
		レール	—		—
		羽	—		—
		中間ポイント	—		—
アイテム		スーパーキノコ	—		×
		スーパースター	—		×
		1UPキノコ	—		×
		ファイアフラワー	—		×
		コイン	—		W19（ピンクコイン）
		パワーアップアイテム	—		—
		カギ	W18		×
罠		ガリガリ	W11		W16（マルマル）
		バブル	W5		—
		バーナー	—		—
		トゲ地形	—		×
		トゲ棍棒	W17		×
		ファイアバー	—		—
乗り物・仲間		クッパクラウン	W14		W18（ファイアクッパクラウン）
		くつクリボー	W13		W13（クイーンくつクリボー）
		ヨッシーのタマゴ			×

034 はじめてみよう編

SUPER MARIO MAKER

パーツを組み合わせた使い方

パーツに特定のパーツを組み合わせると、さまざまな効果を発揮する。パーツの組み合わせ例と効果を見ていこう。

つくってみる編

1 スーパーキノコ で キャラクター を巨大化する

マリオをスーパーマリオに変身させるスーパーキノコ。このアイテムを敵キャラクターに重ねると、敵も巨大化させることができる。

⚠ マリオ以外のキャラクターは「つくる」モードでのみ巨大化できる

マリオの場合
スーパーマリオだとレンガブロックを壊せる点を踏まえ、カベを壊して突破する行き止まりなどを作るといい。

活用例
・ブロックを壊させる
・1ミスぶんの余裕をもたせる

その他のキャラクターの場合
敵を巨大化させるだけで、よけにくく、倒しにくい敵に早変わりする。体の大きさをいかしてマリオの行く手を阻もう。

活用例
・中ボスのような役割にする
・踏みやすい足場にする

◀巨大化した敵を組み合わせればボスっぽくなる。

▶スーパーマリオでは通れない場所を作る
◀スーパーマリオだと下を通れない仕掛け。

▶本作ならではの巨大キャラクターを見せる
◀約4倍サイズの敵が見られるのは本作だけ。

巨大化で見ための印象はこれだけ変わる

スーパーキノコで巨大化する敵のサイズは、ゲームスキンを変えても変わらないが、『マリオU』だと全体的に大きく見えやすい。ただしスーパーキノコを使ったクッパだけは全ゲームスキン中で最大になる。

◀通常時
◀大きめに見えるが『マリオU』の通常サイズ。

◀巨大化時
◀巨大化させると、画面がつまって見える。

2 スーパーキノコ で 乗り物 も巨大化する

くつクリボー、ヨッシーのタマゴ、クッパクラウン（ファイアクッパクラウン）の4種の乗り物は、スーパーキノコを使うと異なる効果が表れる。

2体のヨッシーが出てくる

ヨッシーのタマゴの場合
意外性で楽しませる
ヨッシーのタマゴにスーパーキノコを使うと中から2体のヨッシーが生まれる。これを使って驚かせよう。

クッパクラウンの場合
大きさで威圧感を与える
クッパクラウン（ファイアクッパクラウン）に巨大化させたクッパを乗せると、クッパクラウンも巨大化。これで威圧感を与えよう。

巨大化はキャラクターしだい

砲台はスーパーキノコで巨大化できる

砲台にスーパーキノコを使うと巨大化する（キラー砲台は不可）。砲弾も巨大化するので踏みやすくなる。

活用例
砲台の弾を足場にする
巨大化させて踏みやすくなった砲台を足場に、上に登っていく地形を作ろう。

3 ファイアフラワー で マリオ をパワーアップ

ファイアフラワーはマリオだけに使える純粋な強化アイテム。使いどころが重要だ。

⚠ ファイアフラワーはマリオ以外に使用できない

大量の敵を倒す爽快感を演出
ファイアマリオの投げるファイアボールは、踏みにくい敵や離れた敵を倒すのに便利な武器。

▲ファイアボールならではの大量の群を倒す爽快感が味わえる。

とのゲームスキンなら
左右への同時攻撃が可能
スピンジャンプで左右にファイアボールが撃てる。これなら敵にはさまれても大丈夫。

4 スーパーキノコ ＋ アイテム で合体アイテムを作る

マリオがファイアマリオに変身するには、下のように2種類の方法がある。合体アイテムはアイテム2種類のパワーアップを1つのアイテムで実現するもので、ちびマリオとスーパーマリオのときでは、出るアイテムが変わる。

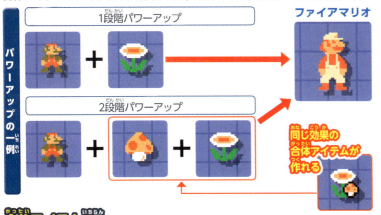

⚠️ 合体アイテム使用上の注意

合体させられる順番がある

合体アイテムを作るには、スーパーキノコとパワーアップアイテム（P.30参照）を組み合わせる順番に注意しよう。

マリオの大きさで出るアイテムが変わる

ファイアフラワーの合体アイテムは、ちびマリオならスーパーキノコ、スーパーマリオならファイアフラワーになる。

▲ちびマリオ状態のときに複数の合体アイテムをそのまま使うと2つともスーパーキノコになる。

合体アイテム一覧

合体アイテムは以下のアイテムの組み合わせで作ることができる。

アイテム名	合体の可否	ちびマリオの時
スーパーキノコ	×	—
1UPキノコ	×	—
スーパースター	×	—
ファイアフラワー	○	スーパーキノコ
スーパーこのは	○	スーパーキノコ
マント羽根	○	スーパーキノコ
プロペラキノコ	○	スーパーキノコ
変なキノコ	×	—

合体アイテムの作成例

合体用のアイテムを2つ選ぶ

▲左の表を参考に合体アイテムを作ろう。ここではスーパーキノコとスーパーこのはを使用する。

同じ場所に重ねて置く

▲スーパーこのはの上にスーパーキノコをつかんで重ねよう。スーパーキノコに重ねた場合は作れないので注意。

「スーパーキノコ」＋「スーパーこのは」が完成

▲完成したアイテムはレンガブロックなどに入れよう。そのまま使ってもパワーアップアイテムにしかならない。

5 1UPキノコ で マリオ の残り人数を増やす

1UPキノコはマリオの残りを1人増やせるアイテム。ゲームバランスを左右するアイテムなので扱いは慎重に。

⚠️ ゲームの難易度に関わるので使い方を工夫しよう

活用例

1UPキノコにたよらない仕掛け作りを考えよう

1UPキノコ以外にもマリオの人数を増やす方法はある。これらのテクニックを活用したコース作りも考えよう。

 連続倒しで1UP

◀多数の敵を連続で倒すと、1UPになる。

 その場ジャンプで1UP

▶最も有名な1UPの方法だ。操作も簡単。

 コースクリアで1UP

▶ポールの一番高い場所に触れると1UP。

6 スーパースター で マリオ が無敵になる

スーパースターは、敵に触れるだけで倒せる無敵状態になるアイテムだ。

活用例

アイテム本来の使い方のほかにも、星型という特徴をいかして飾りに使うのもいい。

- 敵陣を強行突破させる
- デコレーション用に使う

◀クッパすら触れるだけで倒せる無敵状態。爽快感を演出できる。

SUPER MARIO MAKER

7 アイテム で マリオ の姿を変える

変なキノコ

「変なキノコ」は、本作のオリジナルアイテム。これを取るとスーパーキノコ同様にマリオが巨大化するが、頭身が高くなる。独特の歩き方やジャンプ時の変な動き、効果音もポイントだ。

活用例

◀ 変なキノコの細い見た目も楽しい。

スーパーこのは

「スーパーこのは」を取ると、しっぽマリオに変身できる。このアイテムを使うときは、飛ぶアクションを使用する場面のほかに、しっぽでブロックを壊す場面を盛り込むといい。

活用例

しっぽマリオは横のブロックを壊せる点を使い、下に掘り進む仕掛けを作ろう。

◀ レンガブロックの厚いカベを掘り進もう。

・ブロックを大量に壊す場面を作る

マント羽根

「マント羽根」はマントマリオに変身できるアイテム。これを使うなら、マントで滑空して穴を飛び越えたり、回転して敵を倒すような、マントの特性をいかす場面を作るといい。

活用例

足場の数を減らしたり、足場同士の距離をあけて、マントで滑空させよう。

・空中の足場を次々と渡るコースを作る

◀ 着陸するための足場の場所調整も忘れずに。

プロペラキノコ

特殊なヘルメットで空を飛ぶ、プロペラマリオに変身できる「プロペラキノコ」。垂直に勢いよく上昇できる能力は、足場から滑り落ちても復帰できる安心感を与えてくれる。

活用例

高い場所に一瞬で上がれる能力をいかして、高低差のあるコースを作ろう。

・上下を探索するコースを作る

◀ 空中迷路のようなコースもいいだろう。

8 羽 で キャラクター を飛ばす

キャラクターに羽をつけると動きが変わり、飛んだり跳ねたりするようになる。羽はすべてのキャラクターにつけられるわけではないが、コース作りの幅を広げてくれるので活用しよう。

空中を飛ぶようになるキャラクター

羽をつけると飛ぶようになるキャラクターは全部で12種類。そのなかには、テレサのように元から飛べるキャラクターもいる。

◀ 体重のありそうなドッスンも飛べるようになる。

■羽をつけると飛ぶようになるキャラクター

キャラクター名	羽をつけた後の特徴
あかノコノコ	移動せず、その場で上下飛行するようになる
ゲッソー	飛ぶスピードが速くなる
プクプク	ジャンプ後に水平方向に飛ぶようになる
メット	水平に飛ぶようになる
トゲメット	水平に飛ぶようになる
トゲゾー	水平に飛び、トゲを飛ばすようになる
ジュゲム	上下しながら飛ぶようになる
ボムへい	やや上下しながら水平方向に飛ぶようになる
カロン	移動せず、その場で上下飛行するようになる
テレサ	飛ぶスピードが速くなる
ドッスン	水平に飛ぶようになり、マリオに近づくと垂直に落ちてくる
バブル	キャラクターではないが、羽がつくと斜めに飛ぶようになる

活用例

地面を歩くだけだったキャラクターが飛ぶようになれば、敵として活用の幅が広がるだけでなく、空中の足場としても使えるようになる。ここでは2種類の活用例を紹介しよう。

パタメットやパタカロンの場合

特定の動きをする足場におすすめなのがパタメットとパタカロンだ。パタメットに乗ると移動しながら上昇し、パタカロンはその場で上下する。

▼前に飛びながら上昇するパタメット。

▲上下するため連続で踏めるでかパタカロン。

パタトゲゾーの場合

飛びながらトゲを飛ばすパタトゲゾー。たくさん並べれば、ボスのような雰囲気に。

▶無数のトゲを飛ばしてくる危険な魚になる。

トゲを飛ばしながら泳ぐ魚！？

9　羽　でその他のパーツを飛ばす

羽はキャラクター以外のパーツにもつけられる。キャラクターとは違い、羽をつけても飛び回らないことのほうが多いが、そのぶん動きがつかみやすく、足場を作る際には扱いやすい。

羽つきアイテムは画面外へ飛ぶ

アイテムに羽をつけると、画面の端まで飛んでいく。この性質を利用すれば、飛びながら出現するアイテムが作れる。

活用例
急いで取らせるように配置

羽つきアイテムは画面の左へ飛ぶ。右に進みつつ取りやすい配置にしよう。

羽をつけた足場の動き方は2種類

ブロック系の足場は、羽をつけると「そのまま画面外まで飛んでいく」場合と右で挙げたように「一定範囲を行き来する」場合がある。

一定範囲を移動する足場
- 硬いブロック　・氷ブロック
- リフト　　　　・雲ブロック
- ちくわブロック（乗ると一定時間後に落ち、再び現れる）

活用例
不安定な足場にする

一定の範囲内を移動する羽がついた足場は、難度の高い仕掛けになる。距離と高さを変えて複数配置しよう。

▲足場がずれて動くためジャンプが難しい。

羽がつけられる乗り物と仲間は2つ

乗り物と仲間のなかでは、くつクリボーとヨッシーのタマゴに羽をつけられる（ヨッシー自体にはつけられない）。

▲乗り物のクッパクラウンに羽はつかないが、羽つきアイテムは乗せられる。

活用例
くつクリボーの滞空時間をいかす

くつクリボーに羽をつけると、ジャンプ後にしばらく滞空できるようになる。

▶マリオの飛行距離をのばせる数少ないパーツの組み合わせ。

ジャンプ後に短く宙に浮くキャラクター

ジャンプ後に宙に浮く敵は、羽をつけると滞空時間は延びるものの、動きはほとんど変わらない。ただし、振った後に羽をつけた敵のなかには、攻撃方法が変わるものもいる。

活用例
攻撃にアクセントをつける

同じ種類の敵でも、羽つき、羽なしを混ぜて配置することで、攻撃に変化をつけられる。

▶ファイアパックンに羽をつけると手強くなる。

■ジャンプ＋短く宙に浮くキャラクター

キャラクター名	羽をつけた後の特徴
パックンフラワー	ジャンプした後、しばらく滞空する（移動はしない）。振った後は、宙に浮きながらファイアボールを飛ばす
ブラックパックン	ジャンプした後、しばらく滞空する（移動はしない）
ブー	ジャンプした後、しばらく滞空する（移動はしない）。振った後は、ジャンプしながら移動する
クッパ	ジャンプした後、しばらく滞空する。クッパＪｒ．は攻撃方法がハンマーに変わり、滞空するようになる

ジャンプだけするようになるキャラクター

下に挙げた5種類の敵は、羽をつけると移動方法がジャンプになる。常に跳ねながら近づいてくるためによけにくく、踏もうとしてもタイミングが合わせづらい、やっかいな敵になる。

活用例
踏みにくいキャラクターにする

敵を並べて配置すれば、跳ねながら近づいてくる不気味な集団になる。

◀タイミングが合えば連続で踏むことも可能だ。

■飛ばずにジャンプするキャラクター

キャラクター名	羽をつけた後の特徴
ノコノコ	移動がすべてジャンプになる（みどり）、移動がすべて上下に飛ぶようになる（あか）
クリボー	移動が少し歩く＋ジャンプになる
ハナチャン	移動がすべてジャンプになる
ワンワン	通常時はつながった範囲で飛び、振った後は基本的な動きは変わらないがジャンプの高さがアップする
ハンマーブロス	基本的な動きは変わらないが、ジャンプの高さがアップする

カメックは羽をつけると魔法が変化する

カメックに羽を使うと体だけではなく、使う魔法にも羽がつく。この羽つき魔法がレンガブロックなどに当たると、羽のついた敵やアイテムに変わる。ユニークな演出なのでうまく活用しよう。

活用例
空中のブロックを攻撃させる

カメックの魔法がブロックを敵やアイテムに変える特性を利用。ブロックを減らしながら道を作ってもらいつつ、アイテムを補充できるコースを作ろう。

▲飛行船のゲームスキンを使うと、足場が減っていく恐怖感も味わえる。

039

パーツを組み合わせた使い方16選

SUPER MARIO MAKER

10 パーツにパーツを入れる

一部の足場やキラー砲台は、ほかのパーツを中に入れられる場合がある（詳細はP.54参照）。入れるパーツにより効果は変わるが、この組み合わせを使うと、アイテムや敵をパーツで隠せる。

足場に入れる

パーツを入れたブロックを叩いたり、投げた敵がブロックにぶつかると、入れたパーツが出てくる。

◀レンガブロックにアイテムや敵を重ねて中に入れる。

活用例

ビックリ箱にする

小さなブロックの中から大きな敵が出てくればプレイヤーは驚く。これでビックリ箱を作ろう。

◀こんな大きなキャラクターも中に入る。

別ルートの入口を隠す

コースを複雑にするために、隠しエリアとそこへの入口を作って隠してしまおう。

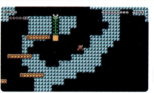

◀隠しエリアに行けるツタをブロックに隠す。

入れる物でキラー砲台は敵にも味方にもなる

キラー砲台は、中に敵を入れるかアイテムを入れるかで、パーツの性質が大きく変わる。例えば中にコインを入れると、キラーのかわりにコインを吐きだすようになり、敵を入れればその敵を生み出し続ける。

キャラクターを入れる

▲キラー砲台に入れたキャラクターが次々と出現する。

アイテムや仕掛けを入れる

▲アイテムを入れるとアイテム補給基地のようになる。

乗り物にも入れられる

乗り物のなかで、パーツを乗せられるのはクッパクラウンとファイアクッパクラウンだ。アイテムを乗せるとマリオのほうに向かってくるので運搬役に使える。

◀足場の少ない場所で運搬役にしよう。 ◀ファイアクッパクラウンだと敵になる。

11 土管にマリオを入れてサブエリアを作る

マリオを土管の上に重ねると、そこを入口とした、サブエリアの制作画面に切り替わる。本作では、メインエリアとサブエリアの2つが作れる。

▲スタートとゴールのあるエリアがメインエリア。メインエリアから土管を通って行くのがサブエリアだ。

サブエリアを作るときはココに注意

サブエリアを作るときには、下で挙げたようなゆるい制約がある。いずれも工夫すれば解決できるものばかりなので、困ることはない。

◀土管のつなぎ方で、コースを迷路にできる。

サブエリア制作時のポイント

・入口と出口の土管は必ずひと組にする
・サブエリアは1つだけ作れる
・メインエリアに入口を複数設置しても、すべて同じサブエリアにつながる（出口の場所は変更可）
・シーンスキンはメイン・サブでそれぞれ変更できるが、ゲームスキンはメイン・サブ共通

制作中にメイン・サブを切り替えるには？

サブエリアが作れるようになると、下画面の右下に、1、2と書かれたアイコンが表示される。1はメインエリア、2はサブエリアを表しており、タッチするたびにエリアを切り替えることができる。メインとサブのつながりを確認しながらコースを作ろう。

タッチするとエリアが切り替わる

ドアと土管の使い分けは？

ドアは対になったもう一方のドアに移動できるパーツだが、土管のようにエリア間を移動することはできない。

▲カベの向こう側に移動する場合はドアを使うなど、移動方法によって使い分けよう。

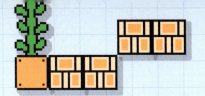

12 キャラクターにキャラクターをのせる

キャラクターはほかのキャラクターをタワー化することができる。その際にキャラクターの大きさや種類の制約はない。

▲動く敵に砲台やキラー砲台を積めば、敵の攻撃力を簡単に強化できる。

◀タワー化したキャラクターはひとまとまりになって動くため、こんな不安定でも大丈夫。

のせる順番を変えて動きを変える

タワー化したキャラクターの動きは、一番下にいるキャラクターに左右される。一番下が羽のついたキャラクターなら、積み上げた全員が飛んだり跳ねたりするわけだ。

歩くパターン

▲羽がついていないキャラクターなら歩く。

ジャンプするパターン

▲羽がついていれば、全員が飛ぶか跳ねる。

13 マリオにキャラクターをかぶせる

振ると「こうら」になったメットとトゲゾーは、マリオのヘルメット代わりになり、敵の攻撃を防ぐことができる。

▲上に投げたり雲ブロックなどに置くとかぶれる。手に持って十字ボタン下でもかぶれる。

活用例

メットこうらの場合
頭上からの敵の体当たりやハンマーブロスの投げるハンマーなどを防げる。

▲上から落ちてくる敵をはじき飛ばすことはできるが、倒すことはできない。

トゲゾーこうらの場合
これをかぶると、頭に触れた敵を倒せる。防ぐ能力はメットこうらと同じだ。

▲トゲゾーこうらのトゲを使った頭突き攻撃で、敵を倒すことができる。

041

メイン・サブエリアを使ったコースの考え方

基本的なワープ土管の配置

ワープ土管の配置は、下の図が基本形。メインとサブエリアに2つずつワープ土管を配置すれば、エリア内を戻らずにすむ。

▲メインとサブでシーンスキンを変えて、別の場所に来たことを意識させよう。

カベや複数のワープ土管を使った発展形の配置

下の図は基本形をもとにしたワープ土管配置の発展形。サブエリアをカベで仕切って、サブエリアに2つのコースがあるように見せている。

▼複数のワープ土管をまとめておいて、ルートの分岐があることをにおわせてもいいだろう。

▲サブエリア内を、破壊できない高いカベで仕切って、小さなコースが複数あるように見せる。

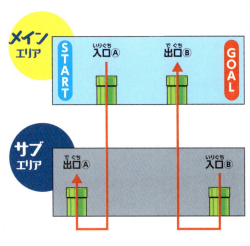
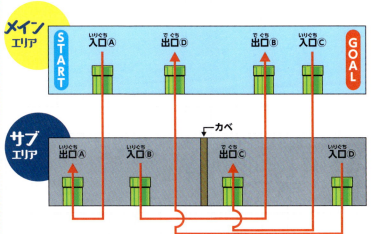

パーツを組み合わせた使い方16選

SUPER MARIO MAKER™

つくってみる編

14 レールにパーツを乗せる

レールはキャラクターや足場などを規則的に動かしたい場合に役立つパーツ。使うパーツと動かし方を工夫すれば、応用範囲は広い。

◀ 動きのあるコース作りに欠かせないパーツだ。

レールと足場を重ねて配置する

レールは足場と同じマスに重ねて置ける。これを利用すれば右のようにレール上のリフトを足場にしながら塔を登る仕掛けが作れる。

▶ 塔を境に左右を移動するリフトで塔を登る。

レールからパーツを落とす

パーツはレールの両端についた小さな四角を取ると、そこから落ちる。

 レールの端の四角を取る

▲ 通常はレールの端に来たパーツは折り返すが、四角がないと外れる。

活用例

足場やアイテムを動かす

レールの上にパーツを乗せて、レールを敷いた通りに動かすのが基本的な使い方だ。

◀ レール上のアイテムは取りにくい。

罠の難度を上げる

ファイアバーやガリガリなどの罠は、レールで動かすとさらによけづらくなる。

◀ 罠自体が回ると難度が上がる。

敵の動きをコントロールする

レールの上でパーツに規則性のある動きをさせれば、機械のように見せることができる。

◀ ロボットのように見えるパーツ。

アニメーションさせる

水平や垂直方向にレールを平行して並べ、その上にパーツを置いてアニメーションさせる。

◀ 魚が左右に泳ぐように見える。

15 カギとドアを使いこなす

カギとピンクコイン、Pドアやカギドアなど、カギとドアに関連したパーツを使いこなせば、コースに謎解き要素を盛り込める。各パーツの特徴を把握して、謎解きの種類を増やそう。

活用例

ドアを隠す＝Pスイッチ＋Pドア

PドアはPスイッチを押したあとに出現するドア。ドアにカギはかかっていないので、カギ代わりになるPスイッチの置き方が重要になる。Pスイッチを隠したり取りにくくするのも方法の1つだ。

▲ カギドアを抜けた先にあるPスイッチを持ったまま、別のドアをくぐる構成。

カギを隠す＝ピンクコイン(orカギ)＋カギドア

ピンクコインは配置した枚数を全部集めるとカギが出現するアイテム。複数のピンクコインをコースのいろいろな場所に置けば、それだけで簡単な謎解き要素になる。

▼ ピンクコインの取らせ方を工夫しよう。

▲ カギは最大8つまで持って移動できる。

16 レアなキャラクターを登場させる

特定のゲームスキンとシーンスキンの組み合わせや、キャラクターの置き方によって、比較的レアなキャラクターを登場させることができる。コースの雰囲気を変える意味でも、積極的に利用しよう。

燃えプクプク

▲ 城のシーンスキンの溶岩にプクプクが触れると、このキャラクターになる。

ネッチー

▲ テレサをブロックの上か下に置くと、ネッチーになる。

フィッシュボーン

▲ 水中のシーンスキンでカロンを使うと、フィッシュボーンに変わる。

ウニ

▲『スーパーマリオワールド』＋水中のシーンスキンでトゲ地形がウニになる。

しびれクラゲ

▲『マリオ3』＋水中のシーンスキンでトゲ地形がしびれクラゲになる。

042

オトアソビ の効果音を使ってゲームを盛り上げる

オトアソビは全部で28種類の効果音を使って、コースに音やグラフィックの演出を加えるための機能だ。効果音は14種類が表示されており、パーツと同じように振って切り替える。

▲効果音が鳴ると同時に演出の絵が表示されることもある。

効果音とパーツは同時にセットできる
▶ブロックからアイテムが出ると音が鳴る。

	1	2	3	4	5	6	7	8	9	10	11	12	13	14
初期のセット														
振った後のセット	15	16	17	18	19	20	21	22	23	24	25	26	27	28

グラフィック演出から素材を選ぶ

効果音のなかには、音に合わせて絵が表示されたり、画面にエフェクトがかかるものがある。グラフィックをいかすことを考えてコースを作るのも楽しみのひとつだ。

◀「電話」の効果音をいかして、こんなコースを作ってみた。

■オトアソビ効果音一覧表

番号	アイコン	音の内容	グラフィック演出	マリオにセットした際の発音条件	番号	アイコン	音の内容	グラフィック演出	マリオにセットした際の発音条件
1	びっくり	嘆き	画面が少しゆれる	ダメージを受ける(変身解除、クツクリボーが脱げる、ヨッシーが逃げるなど)/ミスする	15	悲鳴	絶叫	画面が少しゆれる	ダメージを受ける(変身解除、クツクリボーが脱げる、ヨッシーが逃げるなど)/ミスする
2	ドンガラガッシャーン	落石	落石が起こる	落下してミスした場合	16	ガガ〜ン!	警告音	マンガの集中線が表示される	落下してミスした場合
3	ホップ	軽いかけ声	足元で小さな星がはねる	最高速でジャンプ/敵を踏んでジャンプ/着地後すぐにジャンプ	17	ジャンプ	強いかけ声	足元で小さな星がはねる/虹がかかる	最高速でジャンプ/敵を踏んでジャンプ/着地後すぐにジャンプ
4	拍手	歓声	紙ふぶき	ちびマリオ以外になる/メットをかぶる	18	歓声	大歓声	紙ふぶきと小さな発光	ちびマリオ以外になる/メットをかぶる
5	天国	鐘の音	スポットライトを浴びる	着地中に十字ボタンの下を押す/ヨッシーの舌を出す	19	地獄	不安な音	画面が暗くなり霧が現れる	着地中に十字ボタンの下を押す/ヨッシーの舌を出す
6	パンチ	パンチ音	ネコの手にパンチされる	最高速でジャンプ/敵を踏んでジャンプ/着地後すぐにジャンプ	20	花火	花火	花火が上がる	最高速でジャンプ/敵を踏んでジャンプ/着地後すぐにジャンプ
7	サンバ	サンバ調の音楽	サンバのダンサーが現れる	乗りものに乗る(雲、クラウン、くつ)	21	ディスコ	ディスコミュージック	ミラーボールとレーザーが光る	乗りものに乗る(雲、クラウン、くつ)
8	笑い	笑い声	三色のクチビルが現れる	ダメージを受ける(変身解除、クツクリボーが脱げる、ヨッシーが逃げるなど)/ミスする	22	うぐいす	うぐいすの鳴き声(梅に鶯)	梅の木とうぐいすが現れる	ダメージを受ける(変身解除、クツクリボーが脱げる、ヨッシーが逃げるなど)/ミスする
9	アップン♡	吐息	顔がマリオの上まで上がる	着地中に十字ボタンの下を押す	23	バフ	クラクション	花びらが八方に広がる	着地中に十字ボタンの下を押す
10	ピンポン	チャイム	電球がマリオの上まで上がる	3秒間何も入力されなければ何度でも発音(デモ画面は除く)	24	ブブー	ブザー	黒い糸玉のようなフキダシが現れる	3秒間何も入力されなければ何度でも発音(デモ画面は除く)
11	電話	コール音	音に合わせて線が現れる	ダメージを受ける(変身解除、クツクリボーが脱げる、ヨッシーが逃げるなど)	25	クネクネ	SFっぽい飛行音	画面が波型にゆがむ	ダメージを受ける(変身解除、クツクリボーが脱げる、ヨッシーが逃げるなど)
12	ボス(BGM)	ボス登場音	クッパの顔のマークが現れる	PLAY開始から	26	ボーナス(BGM)	アレンジ版BGM	キノピオの顔のマークがでてきてコースの色合いが変わる	PLAY開始から
13	ドキドキ(BGM)	鼓動音(鼓動超音)	画面の四隅が暗くなる	PLAY開始から	27	シーン(BGM)	BGMを止める	雷ノイズが乗ったような画面になる	PLAY開始から
14	インコ	鳥の鳴き声	緑色の鳥が降りてくる	トップスピードからのターン	28	メカインコ	ニワトリの鳴き声	黄色い鳥が降りてくる	トップスピードからのターン

効果音を鳴らす方法は全部で6とおり

1 マリオがセットした場所を通る
効果音はアイコンを置いた場所をマリオが通過すると鳴る。これが基本の使い方だ。

置き方しだいで曲のように鳴らせる
◀歩く速度で鳴らすと、曲らしくなる。

2 マリオに音をセットする
マリオ自体に効果音をセットすると特定の条件で効果音が鳴る(上の表を参照)。

音の出るアイコン

▶「花火」をセットすると、連続ジャンプで花火が上がる。

3 音をセットした敵を倒す
敵に効果音をセットすると、敵を倒したときに音が鳴る。

ミスマッチな音とグラフィックで意表をつく
▶「天国」の光を浴びつつ倒れる敵。

4 音をセットしたパーツに触れる
パーツに効果音をセットすると、そのパーツに触れたときに音が鳴る。ブロックなら叩いたときに音が鳴るわけだ。

▲「地獄」を使ったリフトに乗ると画面が変化。

▶ツタ入りのブロックを叩くと音が鳴る。

5 音をセットした敵が出現する
「ボス」「ボーナス」を敵にセットすると、その敵が画面内に登場したときに音が鳴る。

音の出るアイコン

▶クリボーに「ボス」をセットして、演出の派手さと敵の実体との差を楽しむ。

6 音をセットした砲台が発射
砲台やキラー砲台に効果音をセットすると、弾の発射に合わせて効果音が鳴る。

ネコに叩かれる砲台とそれを笑うキラー砲台!?
◀砲台に「パンチ」、キラー砲台に「笑い」をセット。

パーツを組み合わせた使い方16選／オトアソビ

043

SUPER MARIO MAKER

つくってみる編

オトアソビの演出例

1 罠の前で緊張させる
「ドキドキ」は鼓動の音に合わせて画面が揺れる演出。危険な罠の前などに置こう。

◀罠やジャンプでわたる足場の前などが最適。

2 正解に対するリアクション
隠れたスイッチの発見など、プレイヤーの行動に対して正解を伝える場合に使おう。

◀複雑につながった扉の正解を開けると鳴る。

3 痛みを表現する
「ポップ」は悲鳴にも聞こえるので、何かにぶつかった際に鳴らして痛みを表現する。

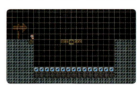
◀トゲ地形の上に置き、踏んだ際の痛さを表現。

4 気を抜かせるための演出
「うぐいす」や「アッフン♥」は気が抜ける効果音。安全な場所で鳴らそう。

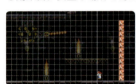

◀難しい罠を突破した後などに鳴らすといい。

5 ゴール前の開放感を演出
ゴール直前の安堵感やうれしさを「花火」や「サンバ」で盛り上げよう。

◀ゴール直前の祝福は、アイコンを多めに。

6 ボーナスシーンの演出
コインがたくさん回収できる場所は「ディスコ」や「ボーナス」で特別感を演出。

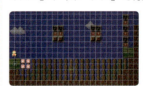
◀コインだらけのボーナスステージを作ろう。

楽器ブロックを使った音楽の奏で方

高さと音階

楽器ブロックは、左の写真のように配置する位置によって音階が変化する。一番下のマスが「ド」で、一番上はそこから2オクターブ上がった「レ」だ。

 音符ブロック
音符ブロックは音階や音色の変更は不可能。

  楽器ブロック
曲を奏でるには楽器ブロックを使う。

■乗せるパーツと対応する楽器

乗せる物	楽器の種類	乗せる物	楽器の種類
クリボー	ピアノ	トゲメット	ハープシコード
ノコノコ(みどり)	木琴	くつクリボー	アコーディオン
ノコノコ(あか)	鉄琴	クイーンくつクリボー	アコーディオン2
ブラックパックン	エレクトリックピアノ1	ワンワン	エレクトリックピアノ2
ボムへい	オーケストラヒット	ワンワンの杭	木魚
ハンマーブロス	オーバードライブギター	はだかノコノコ(みどり)	犬の声
メガブロス	エレキベース	はだかノコノコ(あか)	猫の声
チョロプー	サントゥール	1UPキノコ	オルガン
ブー	ウード	ハテナキノコ	バイブオルガン
ドッスン	和太鼓	ファイアフラワー	リコーダー
パックン	ピチカートストリングス	ジャンプ台	クラッシュシンバル
ファイアパックン	チェロ	横ジャンプ台	クローズハイハット
ハナチャン	鐘	POWブロック	バスドラム
カメック	コーラス	Pスイッチ	スネアドラム
カロン	フルート	くつ	ウッドブロック
キラー砲台	ティンパニ	ヨッシーのタマゴ	カウベル
砲台	ティンパレス	ヨッシー	ズルナ
クッパ	ディストーションギター	スーパースター	オルゴール
クッパJr.	サックス	スーパーキノコ	矩形波
クッパクラウン	シンセパッド	でかキノコ	三味線
メット	ガムラン	コイン	タンバリン
トゲゾー	トランペット	[マリオワールド]クッパの落下炎	カズー

楽器ブロックの基本的な使い方

楽器ブロックは配置する高さで音階を決め、上に乗せるパーツで音色を決める。パーツと音色の関係は左下の表のとおりだ。すべてのパーツに音色があるわけではない。

▲何度も楽器ブロックを叩かないよう、乗せ方を工夫しよう。

スクロールさせて連続で鳴らす

楽器ブロックを連続で鳴らすには、レール上の溶岩リフトにマリオを乗せるなどして、一定速度でコースをスクロールさせる。スタートから29マス以降に楽器ブロックを置けば、スクロールに合わせて音が鳴る。

◀29マス以降に楽器ブロックを置かないと、スクロールさせる前に音が鳴ってしまう。

29マス以降に置く

 スクロールスピードを考えよう
▶曲のテンポを考えて楽器ブロックを置く間隔を調整しよう。

半当たり地形やキノコ地形を使って　コースデコレーション

半当たり地形やキノコ地形は、コースの背景を飾るのにもってこいのパーツだ。シーンスキンと組み合わせれば、コースの見た目もグッとよくなる。使い方しだいでは、右に並べた写真のように、背景とは違った使い方もできる。パーツの豊富なバリエーションをいかして自由に使ってみよう。

▶キノコの森
キノコ地形を並べて、巨大なキノコの森を作る。

▶クリスマスツリー
できる！　こんな演出も

▶立体的な山
半当たり地形を重ねて、奥行のある山を表現。

▶沈没船
海底に沈んだ船の残骸を表現。ツタは海藻代わりだ。

ほかのパーツでも工夫しだいでそれらしく見える

背景を飾れるのは、半当たり地形やキノコ地形だけではない。工夫しだいでは、他のパーツでも十分背景のパーツとして使える。要は表現したいものらしく見えればいいわけだ。ここでは3つほど使用例を紹介しよう。

▲ジャングルの迷路
▲ツタは地上では大きな植物やツル・ツタ、水中では海藻などに見える。

▲花屋
▲花を連想させる敵やアイテム、半当たり地形を並べて花屋の店頭風に。

▲レストラン
▲キノコ地形をテーブルにして、ファミリーレストラン風の店を演出。

ヨッシーのさまざまな能力を生かす

ヨッシーは移動、攻撃、破壊の面で、マリオとは異なる優れた能力を持っている。コースを作る際には、ヨッシーのさまざまな能力をいかす場面を作ると、コースの内容にアクセントをつけられる。

危ない足場を歩く

◀トゲ地形やドッスンの上などにも乗ることができる。

2段ジャンプに使う

▶ヨッシーのジャンプと降りる際のジャンプで2段。

ブロックを壊す
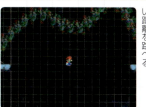
◀ヒップドロップを使うとレンガブロックを壊せる。

ふんばりジャンプをする

◀通常のジャンプよりも長い距離を跳べる。

舌でつかまえる

ヨッシーの舌は、敵以外にもハンマーブロスのハンマー、チョロプーのレンチなど、敵が投げるものもつかまえられる。
▲マルマルの中に置いたアイテムなどは、ヨッシーの舌でしか取れない。

ファイアボールをはく
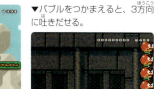
ファイアパックンやファイアクッパクラウンのファイアボール、クッパの投げる炎などは、舌でつかまえた後、吐きだして敵を攻撃できる。
▲ファイアパックンの吐いた炎をつかまえて、すかさず反撃。

▼バブルをつかまえると、3方向に吐きだせる。

045

オトアソビ／楽器ブロック／コースデコレーション／ヨッシーの使い方

SUPER MARIO MAKER

電撃オリジナルコース

ギミックやテクニックを重視、見た目優先など、さまざまなテーマに沿って制作した10種のオリジナルコースを掲載。制作意図やワンポイントテクニックとともに紹介しよう。

① 爆発！カタツムリ岩

ブロックで構成したカタツムリ型の立体迷路。レンガブロックに入れられたパーツ（！の場所）のほとんどはボムへいだ。これを叩いて着火することで、ブロックを壊しながら道を切り開いていく。1か所だけノコノコの入ったブロックがあり、こうらにした後に投げて、道を作るギミックもある。

◀ブロックに隠れたボムへいを見つけ、着火して周囲のブロックを壊す。ブロックを壊す以外、迷路を出る方法はない。

▶せまい場所でノコノコを踏み、こうらを手でつかんだら、一番下まで降りる。そこで投げれば、水平方向にあるブロックを壊せる。

② ノコノコピンボール

ノコノコのこうらをボール代わりにするピンボールふうのコース。上から降りてくるノコノコを踏んでこうらにしたら、再度踏んで右側に飛ばす。こうらはジャンプ台で打ち上げられ、音符ブロックで跳ねながら、周囲のレンガブロックを破壊。中からツタが出れば先に進める仕掛けだ。

▲ノコノコのこうらを踏んだら、ジャンプ台を使って右の部屋に送り込む。

▲音符ブロックで跳ね回ったこうらが、ツタの入ったブロックに当たれば脱出できる。

ワンポイントテクニック
ノコノコのこうらを打ち上げる仕掛けは、一方通行カベ、ジャンプ台、音符ブロックの3つで作ってある。応用の効く組み合わせなので覚えておこう。

つくってみる編

046

ワンポイントテクニック

ボムへいの爆発はレンガブロックや硬いブロックすら壊すことができる。爆発に巻き込まれないようにすれば、使い方しだいで道を切り開く道具になるわけだ。いくつかあるブロックの破壊方法のうち、ボムへいを使った破壊はテクニックが必要なぶん、やり応えのある仕掛けを作りやすい。一度は挑戦してみよう。

③ クリボートランポリン

ほとんどの足場がジャンプ台で覆われた、移動が不安定なコース。ここの攻略にはマリオのジャンプを空中でコントロールする能力が問われる。クリボーのジャンプの軌道を見切ったり、カベキックで上まで登ったりとややテクニックは必要だが、コース自体は短くクリアしやすい。

▲まずはクリボーのジャンプをさけながら、丸い部屋の中央付近にあるカギを取る。

▲コインを取りつつ、ブロックをずり落ち、連続カベキックで上に登っていく。

ワンポイントテクニック

ジャンプ台は高所への移動手段のほか、敵を飛ばしたり足場を不安定にしたりと、難易度を大きく変えられるパーツだ。それだけに使い方には十分気をつけよう。

047

電撃オリジナル10コース公開

SUPER MARIO MAKER

④ トレジャーハンティング

洞窟内で宝を集めるコース。コインをひろいつつ、カギやピンクコインを集めたり、Pスイッチを押して扉を開けながらゴールを目指す。コース右側上部のキラー砲台はトゲゾーのこうらを出す。スタート地点のトゲゾーのこうらがなくなったらここで補充だ。

▶トゲゾーこうらを使ってピンクコインを回収。

▶Pドアとカギドアを開ければゴールできる。

⑤ クッパ大将の回転寿司

クッパが経営する回転寿司店があるコース。クッパは店内でも炎を吐くため、店内の移動だけでもとてもキケン。道路を挟んだ反対側にあるお店は花屋だ。

◀テーブル席はお客さんでいっぱい。

◀花屋の商品でパワーアップもできる。

ワンポイントテクニック

このコースのテーマは「パーツをいかに別の物に見せられるか」。キノコ地形のテーブル、アイテムの植物など、使い方を工夫しよう。

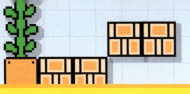

ワンポイントテクニック

ドア、カギドア、Pドアの3種のドアは、コースのつながりを複雑にしたり、閉鎖された場所に入るときなどに役に立つパーツ。なかでもカギドアは、開ける方法をカギかピンクコインの収集から選べるため、謎解き要素とからめやすい。ピンクコインの場合は、コースに散りばめるだけで探索要素を盛り込めるのも特徴だ。

ワンポイントテクニック

ちくわブロックは一定時間上に乗り続けると下に落ちる。この特徴を使えば、ゆっくり下に降りていく通路を作れる。少しじれったくなる仕掛けなので、コインなどを配置しておこう。

▶残り時間が少ない時はあせる仕掛けになる。

049

電撃オリジナル10コース公開

ワンポイントテクニック
ブロックの色や明るさの違いを利用すれば、人物の顔などの複雑なものでもそれっぽいドット絵にできる。対象をパーツの色で再現するのは難しいので、形を似せるよう工夫しよう。

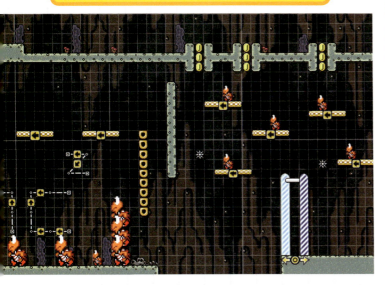

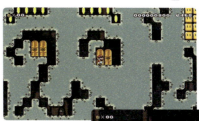

◀顔の右側に行くには、頭の上と目の中にあるドアを使う。ドア2つを目の中に並べて、瞳の代わりに使っている。

▶計算の答えを間違えた場合は、ハテナブロックから敵が出てくる。オトアソビの効果音と組み合わせてもいい。

偉大な物理学者であるアインシュタインさんをモチーフにしたコース。おどけて舌を出す有名な写真を参考に制作した。コースには、彼の発見した有名な数式E＝mc²をレールで書きつつ、スーパースターで飾った。サブコースは並んだ数字のなかから計算式の答えを選び、正しい数字の横にあるハテナブロックを叩くと、中からPスイッチが出てくる仕掛けになっている。

サブエリア

メインエリア

ワンポイントテクニック
メインは体、サブは体の中と、コースのつながりに関連性を持たせた。シーンスキンの選択とコース構成で場面転換のおもしろさを演出しよう。

昼寝をしている巨人の上や体の中をマリオが探検できるコース。鼻にある2つのバーナーは一定のリズムで炎を噴き出し、その音は寝息にも聞こえてくる。コースはやや広いものの、ゴールまでの距離は長くなりため、ゴール直前に分岐ルートを作ってある。分岐は体の上を登って戻り、ゴールの斜め上のドアから出てくる。体内は食道から直腸までの一本道だ。最後にどこから出てくるのかはあまり深く考えないように。

▶キラー砲台から出てくるボムへいで道を作る。

▶分岐ルートにはいいアイテムを隠しておく。

051 電撃オリジナル10コース公開

SUPER MARIO MAKER

⑧ デンジャラスマンション

途中で建築が中止され、廃墟になったマンションというイメージのコース。つながっていない床やカベがあったり、資材運搬用のリフトがめちゃくちゃなルートで動いていたりと非常に危ない場所だ。ノコノコピンボールで使った、ノコノコのこうらを打ち上げる仕掛けを再利用している。

サブエリア

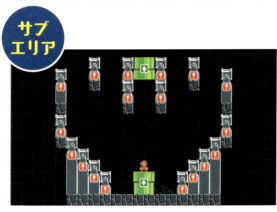
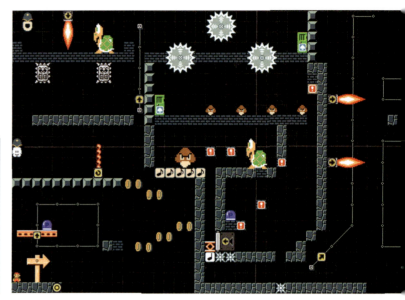

⑨ ヘディングの達人

こうらにしたメットをかぶったマリオが、敵をヘディングしながら突破していくコース。ヘディングで敵の落下を防いだり、ボムへいを爆発させて跳ばしたりと、ジャンプのコントロール能力が重要になる。このコースをクリアできたあかつきには、ヘディングの達人になっているだろう。

メインエリア

ワンポイントテクニック
コースの中心的な仕掛けは「ヘディングを使って着火したボムへいを跳ばし、離れた場所にあるブロックを破壊する」ことだ。ヘディングを使うことで、爆発する位置をなかなか定められないおもしろさがある。

サブエリア

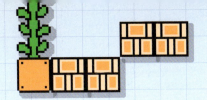   

> **ワンポイントテクニック**
> コースの前半は登ったり降りたりする構成で、罠や仕掛けが多い。後半はレール上の移動が中心になり、ジャンプのテクニックが必要だ。このようにコース内で求められるアクションを変えるとメリハリがつく。サブコースもたった1画面にして、土管から出てくるコインを集めるボーナスコースにしてある。

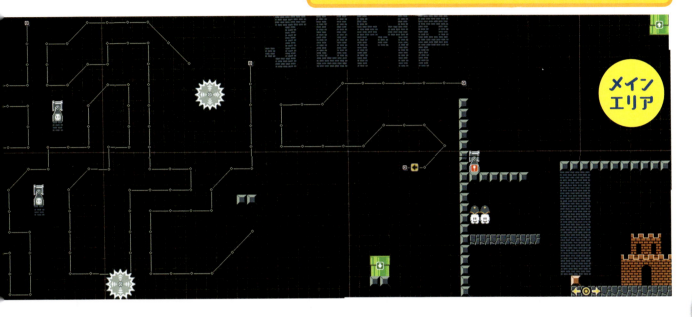

メインエリア

10 踏んで踏んで八艘跳び

　壇ノ浦の戦いの源義経の伝説「八艘跳び」にヒントを得て作ったコース。ノコノコ、クリボン、ハナチャンを8艘の船に見立て、クッパのいる場所も船のような地形にしてある。敵を踏みつつ歩けるのは気持ちいいが、楽器ブロックの場所は跳ねすぎに注意。

▲ハテナブロックからヨッシーを出現させて踏むこともできる。

> **ワンポイントテクニック**
> 敵を踏むだけのコースだと物足りなくなる。そのため、ゴール直前はジャンプで罠を越えたり、せまい足場に着地をするようなややテクニカルな構成にした。バーナーの上からゴールすることもできる。

053

電撃オリジナル10コース公開

SUPER MARIO MAKER

お役立ちデータリスト 2 パーツを組み合わせて活用の幅を広げる

下の表はパーツ同士の組み合わせの可否や、組み合わせたときに起こる反応をまとめたものだ。パーツ活用の参考にしてほしい。

▶活用しだいでキャラクターが足場に。

■組み合わせ内容の解説
- キノコで巨大化 ……… スーパーキノコを敵キャラクターに使って、巨大化させられるかどうか。
- 羽をつける ……… パーツに羽をつけられるかどうか（羽をつけても飛ぶとは限らない）。
- パーツを入れる ……… パーツの中に他のパーツを入れられるかどうか。
- キラー砲台・ブロック(※1)・土管に入れる ……… キラー砲台、ブロック、土管は入れられるパーツの種類が多いため、専用の欄にしてある。
- レールに乗せる ……… レールの上にパーツを乗せられるかどうか（レール上で動くパーツも）。

⚠ **合体アイテムはP.037を参照**

ここでは、2つのパワーアップアイテムの効果を1つにまとめる「合体アイテム」については触れていないので注意！

 合体アイテム
 パーツの組み合わせ

表内の注釈
※1：レンガブロック、音符ブロック、ハテナブロック、透明ブロック ※2：こうら状態は不可 ※3：巨大化したキャラクターを乗せる ※4：「キラー砲台・ブロック・土管に入れる」欄を参照 ※5：「レールに乗せる」欄を参照 ※6：乗せる扱い ※7：ジュゲムの雲のみ可能 ※8：乗ると動き出す

■組み合わせで特徴に変化が表れるパーツリスト

種類	パーツ名	キノコで巨大化	羽をつける	パーツを入れる	キラー砲台・ブロック(※1)・土管に入れる	レールに乗せる
敵	ノコノコ	○	○	×	○	○
	クリボー	○	○	×	○	○
	ゲッソー	○	○	×	○	○
	プクプク	○	○	×	○	○
	メット	△※2	△※2	×	○	○
	トゲメット	○	○	×	○	○
	トゲゾー	○	△※2	×	○	○
	ジュゲム	×	○	○	△※7	△※7
	パックンフラワー	○	○	×	○	○
	ブラックパックン	○	○	×	○	○
	ボムへい	○	○	×	○	○
	ブー	○	○	×	○	○
	カメック	○	○	×	○	○
	カロン	○	○	×	○	○
	テレサ	○	○	×	○	○
	ハナチャン	○	○	×	○	○
	ワンワン	○	○	×	△（杭部分は不可能）	○
	ハンマーブロス	○	○	×	○	○
	ドッスン	○	○	×	○	○
	砲台	○	○	×	×	○
	キラー砲台	○	×	×	—※4	○
	クッパ	○	○	×	○	○
足場	レンガブロック	○	○	○	—※4	○
	硬いブロック	○	○	×	×	○
	地面	○	×	×	×	×
	土管	○	○	○	—※4	○
	音符ブロック	○	○	○	—※4	○
	氷ブロック	○	○	×	×	○
	ハテナブロック	○	○	○	—※4	○
	透明ブロック	○	○	○	—※4	○
	ベルトコンベア	○	○	×	×	○
	キノコ地形	○	×	×	×	×
足場	半当たり地形	○	×	×	×	×
	リフト	○	×	×	×	○
	橋	○	○	×	×	×
	溶岩リフト	○	×	×	×	○※8
	雲ブロック	○	○	×	×	○
	ちくわブロック	○	○	×	×	○
仕掛け	Pスイッチ	○	○	○	○	○
	POWブロック	○	○	×	○	○
	ドア	○	○	×	×	○
	ツタ	○	○	×	△（ブロックの場合のみ可能）	○
	一方通行カベ	○	○	×	×	○
	矢印マーク	○	×	×	○	×
	ジャンプ台	○	○	×	×	○
	レール	○	×	×	—※5	×
	羽	○	×	×	×	×
	中間ポイント	○	×	×	×	×
アイテム	スーパーキノコ	○	○	×	○	○
	スーパースター	○	○	×	○	○
	1UPキノコ	○	○	×	○	○
	ファイアフラワー	○	○	×	○	○
	コイン	○	○	×	○	○
	パワーアップアイテム	○	○	×	○	○
	カギ	○	○	×	△（ブロックの場合のみ可能）	×
罠	ガリガリ	○	○	×	×	○
	バブル	○	○	×	×	○
	バーナー	○	○	×	×	○
	トゲ地形	○	×	×	×	○
	トゲ棍棒	○	○	×	×	○
	ファイアバー	○	×	×	○	×
乗り物・仲間	クッパクラウン	△※3	○	△※6	○	○
	くつクリボー	○	○	○	○	○
	ヨッシーのタマゴ	○	○	×	○	○

つくってみる編

054

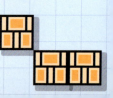

隠しワールドを含む全100コースに挑戦！

スーパーマリオチャレンジでは既存のコースで遊べる。全コースをクリアすれば、さらに隠しワールドが開放される。

コースロボットへの登録とパーツの追加が可能

スーパーマリオチャレンジでクリアしたコースはコースロボットに登録され、いつでも再挑戦できるようになる。また、ワールドをクリアすれば新たなパーツが追加されるので、コース作りの幅も広がる。全ワールドをクリアしてパーツを手に入れよう。

◀ワールドをクリアすると新たなパーツが追加される。パーツはワールドごとに決まっており、全46種類ある。

▶コースロボットに登録されたコースは、自由に選んで挑戦できる。

2種類のメダル獲得で「つくる」が可能に

各コースで特定の条件を満たしてゴールすると、クリボーメダルやクッパメダルを獲得可能。メダルを2つとも入手すれば、そのコースをコースロボットで作り直せるようになる。メダルはコースロボットから挑戦したときも狙えるが、中間ポイントから再スタートしたり、お助けモードを使ったときは獲得できない。

 クリボーメダル
 クッパメダル

▲メダルの条件はスタート時やポーズ中に出る。クッパメダルの条件はクリボーメダルを獲得すると表示される。

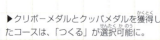

▶クリボーメダルとクッパメダルを獲得したコースは、「つくる」が選択可能に。

W18-8クリアでコースロボットにW19が開放

最終コースのW18-8をクリアするとエンディングとなり、コースロボットに隠しワールドのW19全12コースが追加される。ただし、遊ぶにはクリボーメダルとクッパメダルを合計40枚以上獲得している必要がある。

▲W19のコースはコースロボットに追加。メダル獲得で「つくる」も可能に。

▲さらに難度の高いコースが登場。全クリア目指して挑戦してみよう。

クリアが難しければお助けモードを活用

スーパーマリオチャレンジでは同じコースでミスした回数が5回と10回に達したときに、お助けモードが発動。ヤマムラからお助けアイテムを受け取れるので利用してみよう。

▲お助けモードで「つかう」を選ぶと、特定のアイテムが降ってくる。

◀お助けモードの利用は選択できる。メダル獲得を狙うなら「つかわない」を選択。

お助けモードなしでクリアするとエダマメがもらえる

お助けモードを一度も発動させずに、スーパーマリオチャレンジの全コースをクリアすると、ヤマムラからエダマメがもらえる。エダマメはプロフィール画面に表示される勲章のようなもの。すれちがい通信のときに自慢できる。

▲すれちがい通信時にはプロフィール画面が相手に送信される。

覚えておきたい基本テクニック

スーパーマリオチャレンジでは、マリオのさまざまなアクションを活用してクリアを目指すことになる。そのなかでも基本となるテクニックを紹介するので、ひととおりチェックしていこう。

ダッシュでジャンプの飛距離を調節

ダッシュすると走れるだけでなく、ジャンプの高さや飛距離が増す。ダッシュボタンは空中でも効果があり、ジャンプしてから押して微妙に加速することも可能だ。

▲ダッシュジャンプは離れた場所へ飛び移るときなどに必須だ。

通常よりも高く飛べるスーパージャンプ

敵を踏むときにジャンプボタンを押すとスーパージャンプになり、通常よりも高く飛び上がれる。高い場所に登るときや、空中の敵を踏んで飛び上がるときに活用。

▲ジャンプボタンを押している長さで、高さを調節することもできる。

しゃがめば1ブロック幅でも抜けられる

しゃがむと体を小さくでき、頭上の敵などをかわすときに利用できる。また、ダッシュ中にしゃがんだり、しゃがんだままジャンプすればせまいスキマに入り込める。

▲ダッシュ中にしゃがむと、床を滑って1ブロック幅でも通過できる。

メットこうらやトゲゾーこうらを利用する

メットこうらやトゲゾーこうらをかぶれば、敵や弾が頭にあたってもダメージを受けない。トゲゾーこうらなら、通常は下から突き上げて倒せない敵も倒せるほか、硬いブロックも壊せる。

▲敵を弾けるだけでなく、敵が放つハンマーや炎なども受け止められる。

▲叩いて壊せない硬いブロックも、トゲゾーこうらをかぶれば一撃で粉砕。

ゴールの仕掛けの違い

どのコースもゴール地点の仕掛けにタッチするとクリアになる。城のコースでは斧にさわればいい。その他のゴールはゲームスキンで仕掛けが異なっており、ゴールの仕方で1UPが可能だ。

ゴールポール	アイテムパネル	ゴールゲート

▲てっぺんにつかまれば1UPすることができる。
▲1UPキノコの絵柄でタッチすれば1UPに。
▲バーが一番上に来たときにタッチすれば1UP。

特定の場所で可能な連続1UP

残り数は1UPキノコを取ったときやコインを100枚集めたときだけでなく、8体以上の敵を連続または同時に倒したときも増やせる。主に下記の方法があるので、敵が多い場所などで狙ってみよう。

▲階段を降りてくるノコノコを踏む、シリーズおなじみの連続1UPも！

連続1UPの主な方法
- 蹴ったこうらやスーパースターなどで敵を連続で8体以上倒す
- 着地せずに敵を連続で8体以上踏む
- ゴール時に敵を同時に5体以上倒す

コース攻略ページの見方

1. **ワールド&コース名**
2. **ゲームスキン**：ゲームスキンを表す。対応は以下のとおり。

スーパーマリオブラザーズ　スーパーマリオブラザーズ3　スーパーマリオワールド　Newスーパーマリオブラザーズ U

3. **コース解説**：コースの特徴を解説。
4. **メダル獲得条件**：クリボーメダルとクッパメダルの獲得条件
5. **メダル獲得のポイント**：クリボーメダルまたはクッパメダル、もしくはその両方を獲得するためのポイントを解説。

●マップ記号の見方

START	スタート地点
GOAL	ゴール地点
サブエリア	サブエリア

あ〜・矢印：マップのつながりを示す。
⇔ 行き来が可能
▶→ 一方通行

コース攻略に入る前に

057

SUPER MARIO

スーパーマリオチャレンジコース攻略編

WORLD 1-1

1985年に発売された記念すべきシリーズ1作目、『スーパーマリオブラザーズ』の1-1と同形のコース。クリボーやノコノコなど、おなじみの敵をかわしながらゴールを目指そう。

- ファイアマリオでゴール
- 残りタイム287以上でゴール

ポイント メインエリアのファイアフラワーへ

スタート直後にスーパーキノコを取れば、ファイアフラワーが取れる場所はメインエリアに2か所ある。手に入れてゴールしよう。

◀2つ目はここ。取ったらダメージを受けないようにしよう。

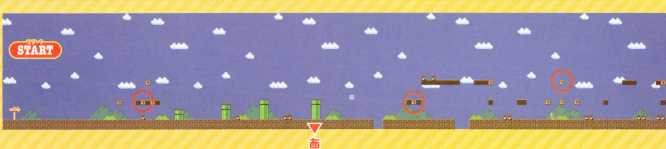

WORLD 1-2

でかノコノコを蹴ると硬いブロックも壊せる。この方法で取れるようになるハテナブロックもあるので覚えておこう。コース後半には変なキノコやツタ、ジュゲムの雲が隠されている。

- ワープ土管に入らないでゴール
- ドアに入らないでゴール

ポイント 透明ブロックの足場でカベを越える

あの土管のそばに隠し1UPキノコがあり、そこから上空へ続く透明ブロックを出して登っていけば、土管に入らずに先へ進める。

◀透明ブロックの位置はコインが目印。足場にして登ろう。

サブエリア

ポイント ジュゲムの雲に乗ってカベのスキマを通過

サブエリアを抜けたところにいるノコノコを右へ蹴ると、隠されたツタとジュゲムの雲が出現する。クッパメダルを獲得するには、ジュゲムの雲に乗って先へ進むのが正解だ。ゴールまでの行く手はカベで阻まれているが、雲ブロックの部分は横からすり抜けることができる。ジュゲムの雲に乗って雲ブロックを抜けてゴールを目指そう。スーパーマリオになっているとスキマを抜けにくいので、ジュゲムの雲に乗る前にちびマリオになっておくといい。

▲ノコノコを右に蹴ると、カベ際に隠されているジュゲムの雲を出せる。飛び乗って上昇しよう。

◀雲ブロックは横からすり抜けられる。雲ブロックよりも上に出ないように、重なった状態で通過。

サブエリアを通ってゴールへ急ごう

メインエリアを進むと間に合わないが、サブエリアを通れば条件のタイム以上でゴールできる。ただし、かなりギリギリになるため、スタート直後からダッシュを基本にしつつ、立ち止まらずに進もう。とくにゴール直前の階段でもたつくと間に合わなくなるので、ダッシュジャンプ2回くらいで登り切るようにしたい。

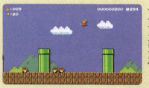◀前半の土管はダッシュジャンプで渡ってサブエリアへ。

◀中段で1回着地する感じで、一気に階段を登り切ろう。

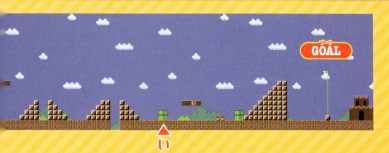

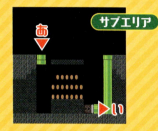 サブエリア

WORLD 1-3

縦に積みあがったクリボーとパックンフラワーが出現するコース。コースが短く、スタート直後にファイアフラワーを入手できるため、敵を倒しながら進めばクリアするのは簡単だ。

- 全てのパックンフラワーだけをたおしてからゴール
- 全てのクリボーだけをたおしてからゴール

 **条件の敵だけ狙い撃ち**

クリボーの上に乗っているパックンフラワーは、ある程度の距離がある状態でジャンプしながらファイアボールをぶつけるといい。クリボーだけを倒すときは、十分に引きつけてから足元にファイアボールを投げてぶつけよう。横向きのジャンプ台で飛び跳ねる敵は、ジャンプ台にぶつかる直前を狙うように。また、高台のでかパックンフラワーの場所はツタを出せば登れる。忘れずに倒しにいこう。

WORLD 1-4

ファイアバーは回転を見ながらタイミングよく切り抜けていこう。レールで移動するファイアバーから右へ進むとクッパの炎が飛んでくるため、ダメージを受けないように注意しよう。

- レールに乗ったファイアバーの上に乗ってからゴール
- クッパをたおしてからゴール

 **ファイアマリオでクッパを攻撃**

条件を満たすにはファイアマリオになる必要があるため、2か所のハテナブロックから、スーパーキノコとファイアフラワーを確実に手に入れよう。クッパはファイアボールを20発ぶつければ倒すことができる。倒す前にダメージを受けると、その時点で条件を達成できなくなってしまうので要注意だ。クッパの炎をかわすように、距離を取ってファイアボールをぶつけていこう。

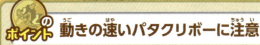

WORLD 2-1

初の水中コース。クリボーは水中でも同様に踏むことができるので挑戦してみよう。ただ上昇中に真下以外からぶつかられるとダメージを受けるので、下降しつつ敵の上に乗るのがコツ。

- スーパースターを使って5UP以上してからゴール
- 全てのクリボーをふんでたおしてからゴール

ポイント 動きの速いパタクリボーに注意

ゴール地点のパタクリボーは動きが速い。横から近づかず、距離を取って相手の真上に移動してから、下降して踏みつけていこう。

▲天井際のものは、下に誘い出してから上に回り込もう。

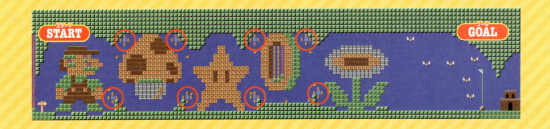

ポイント 隠されたスーパースターを連続入手！

コインが4枚集まっている場所の中心には隠しスーパースターがある。これを順番にキャッチし、無敵の効果を持続させつつ、敵を倒していこう。隠しスーパースターの近くにいるクリボーを倒していけば2UPまで可能なので、さらにゴール地点のパタクリボーを3体以上倒せれば条件を達成できる。最初はスーパーキノコの地形の左上にある隠しスーパースターをキャッチし、以降は下→右→上→右…という順番で隠しスーパースターを取っていくといい。

▲4枚のコインの中心に向かって下から上昇し、隠しスーパースターを出していこう。

▲途中のクリボーを逃さずに倒していけば、コインの地形の右下の時点で1UPになる。

WORLD 2-3

サブエリアの先に3つのワープ土管があり、そこからカギドアのある場所へ進めるコース。クリア自体は簡単だが、メダルを獲得するには、ワープ土管の利用がカギになる。

- 1コ以上のカギドアに入ってからゴール
- 3コのカギドアに入ってからゴール

ポイント 4・3・2の土管からドアの場所へ

サブエリアのリフトから天井に乗って右へ進むと、4・3・2の形にコインが並んだ3つのワープ土管にたどり着ける。これらの土管に入ればメインエリアのカギドアのある場所へ行くことが可能。それぞれ行き着いた場所でカギを手に入れ、カギドアを開けてからゴールすればメダルの条件を達成できる。クリボーメダルはカギドアを1つ開ければいいので、どの土管に進んでもいい。クッパメダルはすべてのカギドアを開ける必要があるため、カギドアを抜けたら**き**の土管からサブエリアに戻り、**え**、**お**、**か**の土管に順番に入ってカギドアを開けよう。なお、**え**の先ではハテナブロックにカギが隠されている。また、**か**の先のカギはジュゲムを倒すと入手できる。クッパメダルを狙うときは、時間切れに注意しよう。

WORLD 2-2

スーパーこのはを入手してしっぽマリオになれるコース。しっぽマリオはしっぽで敵を攻撃できるほか、一定時間ダッシュし続けると空を飛ぶことが可能。このコースで試していこう。

- 敵を10体以上しっぽでたおしてからゴール
- 全てのワンワンをしっぽでたおしてからゴール

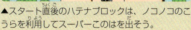

ポイント① スーパーこのはでしっぽマリオに変身

スタート直後とコースの中ほどにあるハテナブロックにスーパーこのはがある。これらを取ってしっぽマリオに変身し、しっぽ攻撃で敵を倒していこう。ワンワンだけで4体いるため、その他の敵も含めて10体以上しっぽで倒せば、両方のメダル同時獲得が可能だ。間違えて踏んだり、蹴ったこうらに巻き込んで倒してしまわないようにしよう。しっぽ攻撃は敵に近づかないと当たらないため、ワンワンを倒すときは噛みつきの直後に近づいて頭を狙うといい。

▲スタート直後のハテナブロックは、ノコノコのこうらを利用してスーパーこのはを出そう。

▲ワンワンは鎖ではなく、頭にしっぽを当てよう。噛みつきがおさまってから攻撃だ。

061

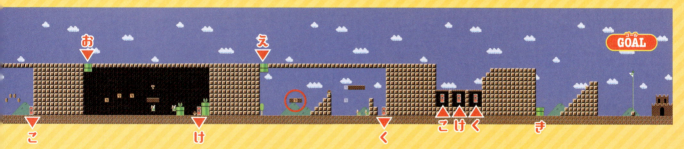

WORLD 2-1〜2-3

SUPER MARIO MAKER

スーパーマリオチャレンジコース攻略編

WORLD 2-4

土管から出てくるPスイッチを利用して進んでいくコース。通常の状態とPスイッチの効果中では、コインとレンガブロックが逆転することを頭に入れておこう。

- Pスイッチを持ったままゴール
- こうらを持ったままゴール

ポイント ゴールに近いPスイッチを運ぼう

ゴール手前の土管から出てくるPスイッチを持ち、ゴールを目指そう。クッパは空中の足場からダッシュジャンプで飛び越えよう。

ポイント ゴール直前でこうらを入手

条件の達成に必要なこうらは、ゴール直前のノコノコを踏んで調達する。ノコノコが見えた辺りで右からクッパの炎が飛んでくるため、ノコノコを落ち着いて踏めるように、手前の土管からPスイッチを持ち運んで効果を延長するといい。クッパは炎に注意しつつ、ダッシュジャンプで飛び越えるか、相手がジャンプしたときに下をくぐり抜けてかわしていこう。

▲持ち運んだPスイッチはこの辺りで投げて、すばやく踏んで効果を延長させよう。

▲こうらを持ってからもスピーディに。炎やクッパの動きに集中してかわそう。

WORLD 3-2

いろいろなパーツを利用して京都の名所をめぐるコースだ。特定の場所にセットされているオトアソビの演出にも注目。それがメダルの獲得条件にもかかわっている。

- 画面が「クネクネ」したままゴール
- 「うぐいす」の鳴き声をきいてからゴール

ポイント サブエリアを抜けてゴールへ

サブエリアを抜けていの土管からメインエリアに出ると、画面がクネクネする。一定時間で元に戻るので、その前にゴールしよう。

ポイント 五重塔のてっぺんに登ろう

うぐいすの声は、メインエリアの中ほどにある五重塔のてっぺんに登ると聴ける。スパナを投げてくるブーに気をつけて登ろう。

▲着地するとうぐいすの声が。これを聴いてゴールしよう。

WORLD 3-1

移動するリフトや上昇下降を繰り返すパタパタなど、先へ進むタイミングが重要となる仕掛けが多いコース。メダルを獲得するには、止まらずに進めるルートを覚えるのがポイントだ。

- スタートから1回も ←を押さないでゴール
- スタートから →を押したままゴール

ポイント① ジャンプのタイミングと高さが重要

クリボーメダルの条件は左を押さないことなので、立ち止まっても達成は可能。だが、スタートから立ち止まらずに進む方法を覚えればクッパメダルも同時に獲得できるのでオススメだ。ポイントとなる場所は以下の画面写真にまとめているので挑戦してみよう。いずれの場所もジャンプのタイミングと高さが重要になる。また、左右に移動する2つのリフトを渡るときは、ダッシュジャンプで飛距離を伸ばそう。

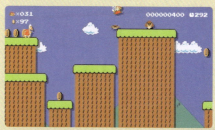

◀最初のクリボーはジャンプボタンを押しっぱなしにし、高く飛んで踏む。そのままスーパージャンプで、次のクリボーを飛び越えよう。

▲この段差はダッシュやジャンプなしでも大丈夫。そのまま飛び降りよう。　▲上下に動くリフトからは、軽くジャンプしてハテナブロックの下を通過。　▲ジャンプボタンを押しっぱなしにして踏み、クリボーも飛び越えよう。　▲左右に動くリフトに渡ったら、少しダッシュして右のリフトへジャンプ。

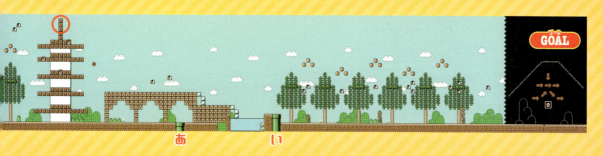

WORLD 3-3

穴を飛び越えたときの着地地点に敵がやってくる場所が多いため、出現場所を覚えて対処していこう。2体のハンマーブロスは下から突き上げて倒すか、スーパースターを利用するといい。

- パタ落ちるリフトに乗ってからゴール
- 5UP以上してからゴール

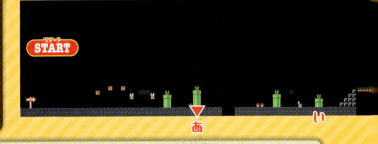

ポイント ツタを出して雲ブロックへ

パタ落ちるリフトがある上空の雲ブロックへは、ツタを出して登ることができる。ツタは2体のハンマーブロス直後、空中のレンガブロックに隠されている。2段のレンガブロックの間に入る必要があるため、穴のそばのジャンプ台を使って飛び乗るか、階段状の地形のほうからダッシュジャンプで乗ろう。

WORLD 3-4

スタート直後から、大量のジュゲムがパタバブルをどんどん放ってくる危険なコース。だが、一部のジュゲムは変なキノコやスーパーキノコを投げてくるので、うまくキャッチしよう。

- 変なマリオでゴール
- ドアに入ってからゴール

ポイント 変身後はパタバブルを徹底回避

変なキノコは、スタート直後に出現するジュゲムのうちの1体が投げてくる。これをキャッチして変なマリオに変身したら、ダメージを受けずにゴールを目指そう。ジュゲムが放つパタバブルは、ゆっくり歩いてジュゲムを先行させるようにするとかわしやすい。あの土管後はクッパメダルのポイントを参考にドアを目指すといい。

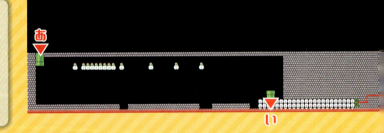

WORLD 4-1

しっぽマリオで空を飛んでいくとクリアがラクなコース。スタート直後から、ハテナブロックに隠されたスーパーキノコとスーパーこのはを入手し、早めにしっぽマリオになろう。

- サブエリアを通ってからゴール
- 6UP以上してからゴール

ポイント 空を飛んで上空の土管へ

サブエリアの入口は、はるか上空にあるあの土管になるため、しっぽマリオで空を飛んでいこう。飛ぶための助走は空中の雲の足場を利用してもいいが、距離が短いのでゴール地点を利用したほうが簡単だ。スーパーこのはの入手場所は2ヵ所あるので、達成前にダメージを受けても、もう1回はチャンスがある。

のポイント ゴール直前の階段で無限1UP！

この条件はハンマーブロスの手前にあるスーパースターを利用し、無敵中に敵を12体以上倒せば達成できるが、ゴール直前で無限1UPを狙うほうがラク。階段を降りてくる2体目のノコノコを踏むだけなので簡単だ。スーパースターでの達成も狙い、失敗したら無限1UPを狙ってみるのもいいだろう。

▶真上にジャンプして、ノコノコの左の端を踏むのがコツ。

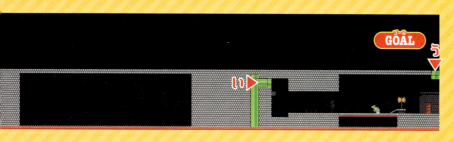

のポイント 雲ブロックをすり抜けて奥へ

いの土管に入らず、雲ブロックを抜けていくとドアにたどり着ける。雲ブロックが見えてきたら、手前の段差からダッシュして雲ブロックに突っ込もう。パタバブルは雲ブロックには入ってこないので、飛び込んでしまおう。

▲ジャンプせずに、手前の地面から右へダッシュすれば、うまく雲ブロックの中へ飛び込める。

のポイント タワー化したノコノコを踏めば6UP以上が可能

コースの中盤にタワー化したノコノコが出現する。これを連続ですべて踏み、さらにこうらを蹴とばせば条件の6UP以上だ。踏んだノコノコはすべて地面に落とす必要があるため、ノコノコが足場と重ならない位置にくるまで待ってから踏み始めよう。また、ノコノコが左の穴へ落ちるまでに、すべて踏むようにしよう。

◀右へ飛び越えておき、ノコノコが足場から出る辺りで踏み始める。蹴るまで着地しないように。

WORLD 3-3～4-1

065

SUPER MARIO MAKER
スーパーマリオチャレンジコース攻略編

WORLD 4-2

スタート地点の土管から出てくるマント羽根を取り、マントマリオになって進んでいこう。上空でマントを開いたあとは、進行方向と逆方向に押すことで飛び続けられる。

- ゴールゲートで1UPする
- コインを全300まい取ってからゴール

WORLD 4-3

プロペラマリオのプロペラジャンプを利用しながら進んでいくコース。空中でプロペラジャンプを繰り出すタイミングは、コインの並びと矢印マークがヒントになっている。

- 全てのクリボーをたおしてからゴール
- 6UPしてからゴールポールで1UP

ポイント タワー化したクリボーやコインなどで6UPを達成

縦に8体積み上がったクリボーを上から順番にすべて踏めば1UP可能。4か所に出現するため、すべて成功させて4UPしよう。残る2UPはコインを集めればいい。全部で200枚あるため、すべて取るつもりで進もう。コインはプロペラマリオのプロペラジャンプを活用してキャッチ。プロペラキノコは各所にある砲台から補給できる。なお、6UP達成後はゴールポールで1UPするのも忘れないように。

▲タワー化したクリボーは、プロペラジャンプで高く飛んで真上から踏もう。

WORLD 4-4

ジャンプ後に空中スピンで飛距離を伸ばすテクニックが必須。タイミングは右向きの矢印マークが目印になっており、コース後半には2〜3回、連続で空中スピンが必要な場所もある。

- 1UPキノコを取ってからゴール
- 残りタイム265以上でゴール

ポイント カベキック+空中スピンで隠し場所へ登ろう

1UPキノコはサブエリアの中ほどにあるハテナブロックに隠されている。ハテナブロックの場所まではカベキックで登ればいいが、左右の幅が広いため、カベキック後に空中スピンを繰り出さないと上昇していけない。カベキックのあと、すぐに空中スピンを繰り出して、さらにカベキック……という感じで交互にテンポよく繰り出そう。

▲1UPキノコはハテナブロックの中だ。足場まで登り切れば入手できる。

ゴールゲート上の足場を目指す

ゴールゲートで1UPするには、ゴール地点の上の足場に行く必要がある。いの土管を出たらマントマリオで目標の足場まで飛んでいこう。コインの並びにしたがって急降下と上昇を繰り返していけばいい。

ブラックンパックンはボディプレスで撃退

空中のコインはマントマリオで空を飛んでキャッチ。時間がかからないようできるだけ横一直線に飛んで取ろう。メインエリアのいの土管から右のコインはブラックンパックンをマントマリオのボディプレスで倒せば入手が可能。いの土管の左のほうから助走して空を飛び、ブラックンパックンの手前にある土管にぶつかりながら、右を押し続けて地面にボディプレスを決めよう。

SUPER MARIO

スーパーマリオチャレンジコース攻略編

WORLD 5-1

こうらを真上に投げるアクションを利用できる場所が多いコース。真上投げは『スーパーマリオワールド』ならではのテクニックなので、このコースを通して覚えておこう。

- コインを全60まい取ってからゴール
- こうらを使って3UP以上してからゴール

ポイント こうらを利用してコインを回収

高い場所にあるコインはノコノコのこうらを真上に投げてキャッチしていこう。コインはコース後半のガケの中にあるハテナブロックの中にも隠されている。そこでは、こうらを投げ込むことで入手できる。

▲こうらを持ち、上を押しながらダッシュボタンを離せば真上に投げられる。

◀こうらを左に放り込めばハテナブロックにヒット。

WORLD 5-2

多数のジャンプ台を利用して進んでいくコース。ジャンプ台は縦に積んでから上に乗ると、より高くまで上昇することができる。メダルの獲得には、このテクニックが必須になる。

- 残りタイム220以上でゴール
- スタートから1回もジャンプボタンでジャンプしないでゴール

WORLD 5-3

サブエリアで入手できるジャンプ台、Pスイッチ、POWブロック、ボムへい、ノコノコのこうらは、持ったまま土管に入ればメインエリアに持ち運べる。これらを利用してゴールしよう。

- 1UPキノコを取ってからゴール
- コインを全100まい取ってからゴール ゴールゲートで1UPする

ポイント ジャンプ台を運んで1UPキノコのガケへ

1UPキノコがある高台に登るにはジャンプ台が必須。ジャンプ台は最初の土管から行けるサブエリアから持ち出せるが、高台まで運ぶにはサブエリアの別の部屋にあるPスイッチの効果も利用する必要がある。右の画面写真を参考にして、Pスイッチの効果でコインをレンガブロックに変えつつ、ジャンプ台を高台まで運んで登ろう。

ポイント① ゴールの手前で3UP以上が可能

ゴール手前の足場にいるノコノコのうち、1体のこうらを蹴って地面に落としておこう。すると、そのままカベの間を往復するので、足場のノコノコを踏み、中身のはだかノコノコを落として反射し続けるこうらにぶつけていこう。はだかノコノコだけでは数が足りないが、残ったこうらも地面に落として連続撃破数を増やせば、最大3UPまで可能だ。

▲ここにいるノコノコを踏んで、こうらを右に蹴っておこう。

▲こうらは端から地面に落とそう。直接こうらにぶつけないように。

ポイント② ジャンプ台を縦に積み上げて高い場所へ

高い場所へはジャンプ台を縦に積み上げることで、ジャンプせずに進むことができる。テレサの足場に登るときは、ドッスン地帯の右の土管から出るジャンプ台も運んで積み上げよう。ゴール手前の高いカベは、カベ際の地面のジャンプ台の上に、6つのジャンプ台を積み上げて越えていこう。

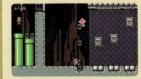

◀ドッスンに当たらないように、右の土管から出るジャンプ台を取ってきたら、ここに置いて積み上げよう。

◀ゴール手前のカベ。最初から置かれている6つのジャンプ台をカベ際に投げて、すべて縦に積み上げよう。

▲ジャンプ台を運んでガケを越え、ボムへいで硬いブロックを爆破しよう。

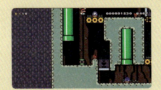

▲別の場所からジャンプ台を運んできて、Pスイッチがある高台に登る。

▲Pスイッチを落とし、ジャンプ台を持ったまま踏んで土管へ。

▲Pスイッチの効果が切れる前に、運んだジャンプ台で高台に登ろう。

サブエリア

ポイント③ ゴールの手前までジャンプ台を運ぼう

クリボーメダルのポイントと同じ要領で、Pスイッチの効果中にジャンプ台を持ったまま中間ポイントまで行こう。その後はツタを利用してジャンプ台をさらに運び、ちくわブロックがある高台を登れば条件を達成できる。

◀ジャンプ台を持ったままPスイッチを踏み、Pスイッチの効果中にブラックパックンの上を通過しよう。

◀ジャンプ台を使ってこの高台に登ったら、右からやってくるノコノコを踏んで、こうらを1つ拝借しよう。

◀こうらでツタを出し、ジャンプ台を高台に乗せてから登ろう。これで次の高台にジャンプ台で登れる。

WORLD 5-1〜5-3

SUPER MARIO

WORLD 5-4

速いオートスクロールのコース。足場の多くは落ちるリフトになっているため、一度乗ったらすぐに次の足場へ飛び移っていこう。クリボンを武器のように使えるのも特徴だ。

- コインを全50まい取ってからゴール
- 全ての敵をたおしてからゴール

ポイント① コインの場所を覚えてキャッチ

強制スクロールでコインの取り直しはできないため、コインの位置を覚えてキャッチしていこう。足場を飛び移るきときは、コインの並びに沿ってジャンプしていこう。

少し落ちてジャンプする場所も。

ポイント② クリボンを持ち運んで敵を撃退

コースに登場するトゲゾーやパタトゲゾーは、スタート直後にいるクリボンを運んでぶつけていけば倒すことができる。空中のパタトゲゾーはクリボンを真上に投げてぶつけよう。クリボンも倒す対象なので、いの土管を抜けたところにいるトゲゾーまで倒したら、クリボンを溶岩の中に投げ込むように。スーパースターの効果はゴールまで持続するため、3体のクッパを倒すのは簡単だ。

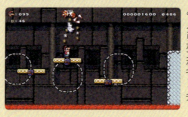
真上に投げてぶつけたあと、クリボンをキャッチ。

オートスクロールにしたがって進めば無敵中に到着。

WORLD 6-1

ジャンプ台を使って高く飛び上がれる場所が多い。ジャンプ台でうまく飛ぶには、ジャンプ台が伸びるときにジャンプボタンを押すのがコツだ。このコースで練習してみよう。

- コインを全50まい取ってからゴール
- 同じジャンプ台で2回以上はねないでゴール

ポイント 最後のバブル地帯はテンポよく渡ろう

1つのジャンプ台で跳ねられるのが1回までという厳しい条件だ。だが、トゲ地形やパタパックンフラワー地帯はダッシュジャンプでも飛び越えられるため、ジャンプ台を使わないという手もある。ゴール地点ではジャンプ台で飛ぶのが必須になるため、最初のバブルが引っ込んだら一気にゴールポールまで渡ろう。

手前のバブルが下がるきに出発。あとはバブルを気にせずジャンプに集中!

WORLD 6-2

ジャンプ台や音符ブロックの道で飛び跳ねてくるクリボーが大量に出現するコース。クリボーたちが飛び跳ねてくる位置を予測しながら、踏んだりかわしたりしていこう。

- 全てのクリボーをたおしてからゴール
- クリボーを連続でふんで3UP以上してからゴール

ポイント クリボーの飛び跳ねに注意

ほとんどのクリボーが跳ねてくるため、少しずつ進んで1体ずつ踏んでいこう。スーパーこのは入手後は、しっぽ攻撃も活用。

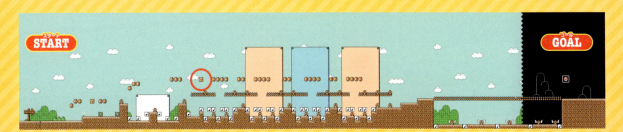

ポイント スーパージャンプでクリボーを連続踏みつけ

この条件の達成にはしっぽマリオの力が役に立つ。スーパーこのははスタートから2つ目のハテナブロックに入っているので、まずは入手してしっぽマリオに変身しよう。その後はすぐに右からやって来るクリボーたちを、スーパージャンプとゆっくり落下を利用しつつ、連続で踏んでいく。踏みながら少しずつ右へスクロールさせ、次のクリボーたちを出現させて踏み続けよう。クッパメダルを獲得するには、連続で10体以上踏むのが目標だ。

▲スーパーこのは入手地点で、すでにクリボーたちがやって来る。変身したらすぐに踏み始めよう。

▲スーパージャンプで高く飛び、ゆっくり落下して次のクリボーの頭上へ。繰り返して3UPを目指そう。

SUPER MARIO

WORLD 6-3

オートスクロールのなか、レールを移動していくマルマルに乗って進んでいくコース。マルマルの上では、ジャンプボタンを押しっぱなしにすることで高くジャンプすることができる。

- ゴールで5UP以上する
- コインを全100まい取ってからゴール

ポイント リフトにパタパタを乗せてゴールへ

コース後半で出現するパタパタたちを踏み、9体以上をリフトに乗せた状態でゴールゲートにタッチすれば、条件の5UPを達成できる。パタパタ地帯は2ヵ所あるので、できる限りリフトに乗せてゴールまで運んでいこう。

▲スーパージャンプも利用しつつ、平らなリフトに落としていこう。

WORLD 6-4

氷ブロックによる滑りと、横向きのジャンプ台の反動を利用しつつ進んでいく場所が満載のコース。反動をうまく利用するには、ぶつかった瞬間に進行方向と逆を押さないのがコツだ。

- コインを全100まい取ってからゴール
- スタートからしゃがんだままゴール

ポイント ドアのルートもたどろう

スタート地点から横向きのジャンプ台で跳ね飛ばされる。横向きのジャンプ台の反動を利用しながらコインをキャッチしていこう。コインの並びが進むルートの目安になっている。すべてのコインを回収するにはカギドアにも入る必要があるため、5枚のピンクコインをキャッチしてカギを入手しよう。

◀ここにある10枚のコインは、カギドアを通らないと取れない。ピンクコインを集めて必ず回収。

WORLD 7-1

メットこうらをかぶれば、あらゆる敵を頭で弾くことができる。このコースでは大量のワンワンに対して、その効果を体感することができる。コース作りにも利用してみよう。

- 全てのワンワンをメットマリオではじいてからゴール
- 全てのワンワンに1回もふれないでゴール

ポイント メットをかぶってワンワンを弾こう

メットこうらをかぶり、すべてのワンワンを頭で弾いていこう。スタート直後のつながれたワンワン地帯では、ゆっくり歩いてすべてを弾くように。次に出現するパタワンワンは、やりすぎると穴に落ちてしまうので、向かってきたところで必ず弾こう。メットこうらが脱げてしまったら近場のものを取りに行こう。

◀パタワンワンは飛び跳ねながら近づいてくる。着地地点に潜り込むようにして頭にぶつけよう。

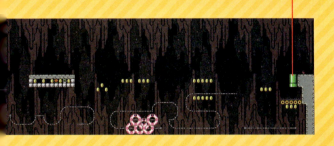

ポイント 最後のパタコインに集中！

サブエリアの硬いブロックの中にあるコインは、手前でトゲゾーこうらをかぶり、崩しながら回収しよう。ゴール直前では高い位置にパタコインが飛んでくる。やりすごすと取り直せないので、出現場所を覚えて取りつくそう。

▲マルマルが下に移動する辺りでパタコインが来る。飛び跳ねて回収！

 ### ポイント 滑りを利用して進もう

スタート時にしゃがみ、以降は横向きジャンプ台の反動を利用し、しゃがんだままで滑っていこう。ジャンプはOKなので、途中で止まっても大丈夫。しゃがんだままジャンプしてジャンプ台にぶつかり、再び反動を利用して進んでいけばいい。1ブロック幅のスキマの中で止まったときも、しゃがんジャンプで抜け出せる。

◀ここは溶岩に落ちないように注意。反動で右へ滑りつつ、しゃがんだままジャンプしてスキマへ。

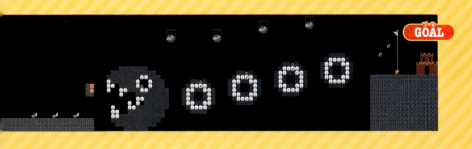

 ### ポイント メットをかぶらずにかわし切ろう

クリボーメダルとは逆に、ワンワンに当たらなければ達成となる。当たらないことが前提なのでメットこうらは不要だ。コース後半の足場を渡るときは、頭上で振り子のように揺れているでワンワンに当たらないようにタイミングを計ろう。一番右の高い足場では、しゃがんでもでかワンワンに当たってしまう場所があるので、動きをよく見て一気に通過しよう。

◀低い足場では、しゃがめばギリギリ当たらない高さ。でかワンワンが離れてから先へ進もう。

WORLD 6-3～7-1

073

SUPER MARIO

WORLD 7-2

メットこうらを利用して敵の攻撃を防いでいくコース。ハンマーブロスやカメック、クッパなど、厄介な攻撃をしてくる敵が同時に出現するため、メットこうらを失わないように進もう。

- でかクッパが落ちていく前にゴール
- 1回もダメージを受けないでゴール

のポイント 足場を利用してでかクッパを飛び越え！

でかクッパはゴール地点の穴に達すると落下する。ちくわブロックからダッシュジャンプし、キラー砲台を踏み台にして越えよう。

 ▶高いちくわブロックから キラー砲台に乗り、ゴールへ！

WORLD 7-3

多数のハンマーブロスがどんどんハンマーを投げてくるコース。ハンマーはメットこうらをかぶれば防げるが、メットこうらをかぶれないクッパメダルの獲得は難度が高めだ。

- ハンマーブロスのハンマーを50コ以上メットマリオではじいてからゴール
- 1回もメットマリオにならないでゴール

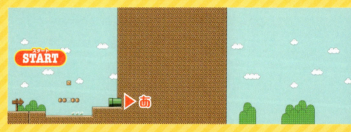

のポイント コース後半でヒット数を稼ごう

どのハンマーブロスでもいいので、ゴールするまでにメットこうらでハンマーを50回以上弾けば達成となる。コースの後半にハンマーブロスが多数出現する場所があるため、そこで立ち止まってハンマーを弾く回数を稼ぐといい。

 ◀メットこうらをかぶってハンマーブロス地帯へ。下手に動かずに、50回以上当たるのを待とう。

WORLD 7-4

大量のパタバブルが出現するが、メットこうらをかぶれば頭突きで倒すことができる。パタバブルはカベや足場で反射するが、半当たり地形に対しては下からすり抜けてくる点に注意。

- でかパタバブルを5体以上たおしてからゴール
- 全てのでかパタバブルをたおしてからゴール

のポイント メットマリオになって頭に当てる

スタートからしばらく進むとメットこうらがあるので、かぶってでかパタバブルを頭突きで倒していこう。5体のでかパタバブルは、ゴールまで道なりに進んでいけば遭遇できる。倒すときはジャンプで頭突きしてもいいが、頭に当てるだけでも倒せるので、せまい場所ででかパタバブルの進路に立ち止まり、頭に当たるのを待つようにしてもいい。

 ▲レールを移動するメットこうらをかぶり、でかパタバブルを倒していこう。

 ▲小さいほうと同じく、でかパタバブルも頭突きの一撃で倒すことができる。

 の ポイント 一定の距離を保って攻撃を打ち消していこう

1回もダメージを受けずにゴールを目指すには、メットこうらをかぶり、敵の攻撃を頭に当てて打ち消していくのがポイントだ。序盤に出現するカメックたちも、コース後半に出現するでかクッパたちも、一定の距離を保つようにすると攻撃をかわしやすい。サーチキラーはメットで弾くか、しっぽマリオで倒そう。

▶ベルトコンベアに乗り、これくらいの距離を保とう。

▶しっぽマリオになれば、サーチキラーをしっぽで倒せる。

 の ポイント メットのこうらを蹴るのはOK

後半の地上にいる3体のハンマーブロスのうち、最初の1体はノコノコかメットこうらを蹴って撃破。次の2体を倒すのは難しいので、スーパーマリオでたどり着き、ダメージ覚悟で通過！

▶メットこうらを蹴るのは条件にかからない。かぶるのはダメ。

の ポイント 脇道にいるでかパタバブルもすべて倒そう

普通に進むとわかりにくいが、マップを見ればわかるとおり、このコースには全部で10体のでかパタバブルがいる。これらをすべて倒そう。ちくわブロックの足場を登ったところや、土管の上のハテナブロックから右上に登れる場所など、脇道にいるでかパタバブルも倒そう。

▲この場所は最上段まで登らず、1段下で近づくのを待って倒そう。

▲くぼみに入っている1体は、下から頭突きすれば簡単に倒せる。

▲脇道の奥にいる2体も忘れずに。どちらもレール上を移動している。

WORLD 7-2〜7-4

075

スーパーマリオチャレンジコース攻略編

WORLD 8-1

プロペラジャンプによって空中からでも上昇できる、プロペラマリオのアクションがいきるコース。テレサやワンワンといったクセのある敵にも対処していこう。

- コインを全100まい取ってからゴール
- 全てのワンワンの杭を地面にうめてからゴール

ポイント プロペラマリオでコインを回収

コインは高い場所や穴の上にもあるが、プロペラマリオに変身すればすべてキャッチできる。穴の上にある空中のコインは飛び降りてキャッチしつつ、穴に落ちる前にプロペラジャンプで上昇しよう。ワンワンの上にあるコインも、同じ要領で取っていくといい。高い足場にコインが置かれている場所もあるため、マップを参考にしながらすべて取り切ろう。

▲V字のコインはダッシュで飛び降りつつ、プロペラジャンプで上昇してキャッチ。

▲ゴールポール上の2枚は、落ちるリフトからダッシュジャンプでもキャッチできる。

WORLD 8-2

飛来するパタメットやパタトゲメットに乗ることで、空中を渡る場所が用意されている。パタトゲメットは普通に乗るとダメージを受けるが、くつクリボーの靴を履けば安全だ。

- 1UPキノコを1コ以上取ってからゴール
- サブエリアを通ってからゴール

WORLD 8-3

最初から置かれているコインだけでなく、土管からも大量のコインが吐き出されるコース。オートスクロールになっており、メダルの獲得はコインを大量に回収できるかがカギになる。

- コインを700まい以上取ってからゴール
- コインを900まい以上取ってからゴール

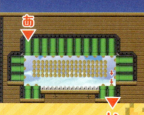

ヒップドロップで杭を打ち込もう

7か所にある杭をヒップドロップですべて打ち込もう。不用意に杭を打ち込むとワンワンに当たってしまうが、ワンワンが噛みついてきて鎖が伸びきったときに杭を打ち込めば、ダメージを受けずに済む。

▶鎖が伸びきったときに杭を打ち込めば、ワンワンがそっちに向かって飛んでいくので安全だ。

敵に乗って1UPキノコの場所へ

1UPキノコはゴールの上に1つ、サブエリアの終点に2つあり、でかパタメットたちに乗って取りに行ける。ゴール地点の上へ向かうときは、入手場所付近に近づくまで、乗りながらジャンプして上昇を抑えよう。

▶1UPキノコの足場に近づくまで上昇しすぎるのは禁物。だが、パタトゲメットが来たら少し上昇しよう。

スタート直後にサブエリアへ

スタートしたら右から飛んでくるパタメットにすばやく乗り、雲ブロックまで上昇して あ へ進もう。サブエリアではくつクリボーのくつを奪い、パタメットやパタトゲメットを乗り継ぎながら い を目指そう。

▶でかパタメットに乗って上昇し、雲ブロックから上空の土管へ。

▶乗り継ぐときはダッシュも利用しつつ、飛距離を調節しよう。

POWブロックをうまく活用

い を抜けたところでは2つのPOWブロックを利用してコインを集めよう。1つはすぐに投げてコインを落とし、もう1つは持ったままドアを抜けて、Pスイッチを踏んでから投げるといい。

▶左のPOWブロックはすぐに投げ、落下するコインを回収。

▶2つ目はここまで運ぶ。Pスイッチを踏んでから投げよう。

WORLD 8-1〜8-3

077

スーパーマリオチャレンジコース攻略編

WORLD 8-4

変なマリオに変身できる変なキノコがあちこちに隠されているコース。サブエリアでは変なマリオの高いジャンプ力が頼りとなり、クッパメダルの獲得条件にもかかわっている。

- 変なマリオでゴール
- クッパJr.をたおしてからゴール

ポイント① サブエリアへ進んでクッパJr.と対決

サブエリアのクッパJr.の場所へ行くには、手前の高いカベを登る必要がある。普通のマリオは無理だが、変なマリオならダッシュジャンプで登れる。クッパJr.は一度踏むと突進してくるので、足場に登っておさまるのを待とう。

◀スーパージャンプを利用して、踏みつけつつ足場に乗るようにすると、突進を簡単にかわすことができる。

WORLD 8-5

レールで移動するツタとトゲ地形を組み合わせた仕掛けが注目のコース。ツタにつかまったまま、左右に向きを変えたり、上下に移動してトゲ地形をかわしていこう。

- カギドアに入ってからゴール
- コインを全200まい取ってからゴール

ポイント② ピンクコイン5枚でカギを入手

レール上を移動するハテナブロックを叩くとツタが出る。これに登りながらピンクコインを5枚集め、カギを入手してカギドアへ入ろう。クッパメダルの条件はピンクコインも対象になるので、通常のコインと合わせてすべて回収していこう。

▲左右の端では、ツタにつかまったままトゲのない側に移動。

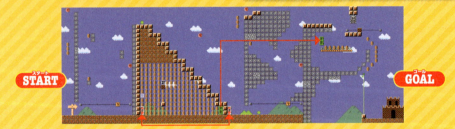

WORLD 9-1

砲台から発射される弾をかわしながら進んでいく飛行船のコース。オートスクロールで進むため、地形にはさまれないようにすることも大切だ。ゴール前にはでかクッパJr.との対決もある。

- でかクッパJr.をたおしてからゴール
- でかクッパJr.をしっぽだけでたおしてからゴール

ポイント② 突進をかわしつつ攻撃

でかクッパJr.は3回攻撃を決めれば倒せる。1回攻撃を決めると突進してくるのでジャンプでかわそう。でかクッパJr.は炎や地響きといった攻撃が厄介。突進がおさまったところで次の攻撃を決めて、相手に攻撃のスキを与えないようにしよう。なお、クッパメダルを狙うときは、しっぽマリオでクッパJr.の部屋に入ること。1回でも踏むと条件を達成できなくなるので、必ずしっぽで攻撃しよう。

WORLD 8-6

敵を踏んで連続1UPを狙えるコース。ジャンプの高さや飛距離を調節する練習にもなるので挑戦してみよう。オートスクロールだが、コース自体は短く、ゴールするだけならとっても簡単。

- 3UP以上してからゴール
- 6UPしてからゴール

ポイント❶ 連続踏みつけで6UPを狙おう

コース前半のクリボーをすべて連続で踏めば3UP。後半のハナチャンをすべて連続で踏めば、さらに3UPが可能だ。敵を踏むときはスーパージャンプが基本。ジャンプボタンを押す長さを調節して、高さをコントロールしよう。次の敵がやや離れている場所では、ダッシュボタンで飛距離を伸ばそう。

◀ここはスーパージャンプせずに次へ。ダッシュも利用。

WORLD 8-4〜9-1

スーパーマリオチャレンジコース攻略編

WORLD 9-2

普通のテレサよりも移動スピードが速いパタテレサが多数登場するコース。追いつかれないように、ときどきパタテレサのほうを向いて、足止めしながらゴールを目指そう。

- コインを全50まい取ってからゴール
- 全てのパタテレサを引き連れてゴール

ポイント パタテレサを足止めしつつコインをキャッチ

パタテレサは前後から迫ってくるので、立ち止まるときは左右を交互に押して接近を防ごう。コインはテレサ型の足場の中にもあるので、パタテレサに注意しつつ回収。上下に並んだテレサ型の足場にあるコインは、リフトに乗る前に取ろう。ゴールポールの上にあるコインも忘れずに。

▶ドッスンの足場を越えるときはハテナブロックを踏み台にしよう。

▶最後の4まい。足場の端からジャンプし、まっすぐ落下しよう。

WORLD 9-3

立ち並ぶ土管の間をカベキックで進んでいくコース。カベキックする場所はコインの位置や矢印マークを目安にしよう。マリオをしっかりとカベに押しつけるのが成功のコツだ。

- コインを全200まい取ってからゴール
- 残りタイム450以上でゴール

ポイント カベキックで全コインを回収

コインの並びに沿ってカベキックでキャッチしていこう。バーナーが並んでいる場所は、手前の土管と登ったところにあるハテナブロックでスーパーキノコを補給できるので、ダメージを受けても焦らずに一気に取り切ろう。ゴール直前は高台にある大量のコインも回収すること。

▶土管の間をカベキック。最後は空中スピンで右上へ。

▶ここでは下の土管からジャンプしつつ、上の土管でカベキックする。

WORLD 9-4

ワンワンに警戒して進めば、クリアするのは難しくないコースだ。マリオがやられたときなど、いろいろなオトアソビの仕掛けが用意されており、メダルの獲得条件にも関係している。

- オトアソビ「ボーナス」が鳴っている部屋に行ってからゴール
- オトアソビ「ボス」が鳴っている部屋に行ってからゴール

ポイント 2か所の土管からサブエリアへ

条件になっているオトアソビの音は、サブエリアに進めば聴くことができる。クリボーメダルはあの土管から、クッパメダルはうの土管からサブエリアに入れば達成可能だ。あへはプロペラマリオのプロペラジャンプで向かおう。うの土管はでかノコノコで硬いブロックを壊せば入れるようになる。

▶ノコノコのこうらを利用して、プロペラキノコを手に入れよう。

▶でかノコノコをければ土管の入口が開通。反射してくるこうらに注意。

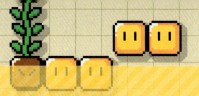

 合計8体のパタテレサをゴールまで誘導

パタテレサもでかパタテレサも、背を向けると引きつけられる。この方法で8体すべてをゴールまで連れていこう。上下に並ぶテレサ型の足場にも1体ずつパタテレサがいるので、順番に回って誘導していこう。8体すべてが画面内にいる状態でゴールすれば条件達成となる。

 下のテレサ型の足場にいる1体を加えつつ、上のテレサ型の足場へ。

 パタテレサ5体でかパタテレサ3体で全部。画面内に入れてゴール！

 2か所で落下のスピードをアップ

条件の残りタイムでゴールするには、カベキックを失敗せずにズムーズに進むのが大前提。これに加えて、縦穴を落ちるときに土管のカベをできるだけこすらないようにしてスピードアップを図ろう。途中2か所で落下を早めれば、より条件を達成しやすくなるはずだ。

 ジャンプせずに落下。下、右の土管の下のほうへ飛び降り、つかってカベキック。

 こも土管をこすらずに落下。ガリガリの直前でカベキックを決めよう。

081

WORLD 9-2〜9-4

WORLD 9-5

各種リフトを利用しつつ、足場を渡っていくコース。キラーやパタメットなどの敵にも警戒が必要。とくに天井に張りついているメットは、近づくと突っ込んでくるので要注意だ。

- カギドアに入ってからゴール
- コインを75まい以上取ってからゴール

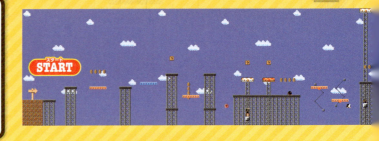

ポイント 5枚あるピンクコインの取り方をチェック

コース中に点在する5枚のピンクコインを集めてカギを手に入れ、カギドアに入ろう。ピンクコインを取るには工夫が必要。キラーやメットを利用したスーパージャンプや、落ちるリフトの利用など、それぞれの取り方を覚えて回収していこう。カギドアはゴール地点にあるので、ゴールポールにつかまる前に忘れずに入ろう。

WORLD 9-6

メットこうらやトゲゾーこうらを発射するキラー砲台が多数あるコース。とくにベルトコンベアに乗ったこうらはスピードが変化するため、飛び越えるタイミングを間違えないように。

- メットマリオでゴール
- 全てのブロックをこわしてからゴール

WORLD 9-7

地上のメインエリアと水中のサブエリアを行き来しながら進んでいくコース。パタパタがいる場所は、サブエリアから向かって透明ブロックの足場を作ると、先へ進めるようになる。

- 5体以上のパタパックンフラワーの下をくぐってからゴール
- 全てのパタ化された敵の下をくぐってからゴール

ポイント メインエリアにいるパタパタも条件

パタパックンフラワーはメインエリアに1体、サブエリアに7体おり、そのうちの5体の下をくぐればクリボーメダルを獲得できる。一方、クッパメダルは12体の下をくぐるのが条件。パタパックンフラワー8体に加え、パタブラックパックン3体、さらにメインエリアの う の近くにいるパタパタの下もくぐろう。

ポイント Pスイッチを踏まずにコインをプラス

コースにはコインが90枚ある。ピンクコインもカウントされるので、できる限りキャッチして75枚以上を達成しよう。枚数を稼ぐには、コース終盤のPスイッチを押さずに、メット地帯のコインを回収するのがポイントだ。天井にいるメットはある程度近づくと、こうら状態になって突進してくるので、ジャンプでかわしながらコインをキャッチしていこう。

◀ 滑っているこうら同士がぶつかれば共倒れになる。無理に踏もうとせず、ジャンプでかわしながらコインの回収に集中しよう。

ポイント トゲゾーこうらで10個のブロックを破壊

トゲゾーこうらは、コース中ほどにある複数のキラー砲台から発射される。段差を利用して滑ってくるトゲゾーこうらをかぶり、コースに点在する10個のブロックをすべて壊そう。トゲゾーこうらをかぶったらそのまま右へ進み、ゴール地点のちくわブロックを落としてスタート地点方面へ戻るようにすると、移動のロスを減らせるだろう。下の道では天井際のブロックを見逃さないようにしよう。

◀ 段差の場所で待機し、右から滑ってくるトゲゾーこうらをかぶろう。メットこうらは脱いでおくこと。

▶ 下の道の天井側にもブロックが。右端のキラー砲台から発射されるメットこうらに乗ると壊しやすい。

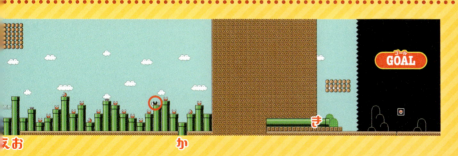

サブエリア

WORLD 9-5〜9-7

083

SUPER MARIO MAKER

スーパーマリオチャレンジコース攻略編

WORLD 9-8

高速溶岩リフトで進むスリリングなコース。敵を飛び越えつつ、高速溶岩リフトに着地しなくてはならない場所もあるため、ダッシュボタンも使ってジャンプをコントロールしよう。

- 中間ポイントを1コ以上通ってからゴール
- 中間ポイントを2コ通ってからゴール

WORLD 10-1

でかくつクリボーのくつを奪えば、普通では踏めないトゲゾーや、ファイアボールが効かないブラックパックンを倒すことができる。その爽快感をたっぷりと味わうことができるコースだ。

- 全てのトゲゾーをたおしてからゴール
- 全てのブラックパックンをたおしてからゴール

ポイント：くつを奪ってトゲゾーを倒そう

あの土管から出たら、左のほうからやってくるでかくつクリボーを倒してくつを履こう。あとはくつを失わないように、トゲゾーを踏んで倒していけばいい。でかくつに履き替えれば、ボッフンで倒すこともできる。

このトゲゾーは落ちる前に撃破。失敗したらスクロールで再出現。

ポイント 2か所の乗り継ぎで中間ポイントを通過

コース2か所に中間ポイント方面へ進む高速溶岩リフトがある。それに乗り継げば、クリボーメダルとクッパメダルの条件を満たすことができる。高速溶岩リフトの移動は、その名のとおりスピードが速いため、乗り継ぎ地点を覚えておこう。条件を満たしたらあとは、ミスしないようにゴールまでたどり着くだけだ。

◀2体のパタカロンを越えた直後に最初の乗り継ぎ地点がある。普通にジャンプすれば届くはずだ。

◀2つ目の中間ポイントへ向かうための乗り継ぎ地点。でかパタパックンフラワーを飛び越えた直後にある。

085

WORLD 9-8〜10-1

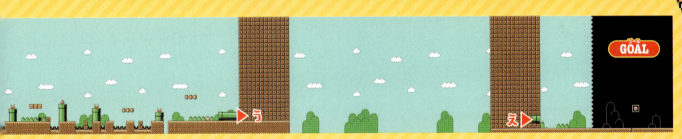

ポイント でかくつを使ってブラックパックンを撃退

ブラックパックンは、でかくつを履いてヒップドロップすれば倒せる。直接踏んでもいいし、ボッフンを当ててもいい。ブラックパックンはうの土管の先にもいるので、そこまででかくつを失わないようにしよう。

◀ボッフンはヒップドロップの着地で左右に出る。

◀1ブロック幅のスキマにいるものは、ボッフンを当てて倒そう。

WORLD 10-2

でかくつやでかクイーンくつで繰り出せる、ボッフンを利用する仕掛けが盛り込まれているコース。敵を倒すだけでない意外な使い方は、コース作りのヒントにもなるだろう。

- 全てのメガブロスをたおしてからゴール
- 1UPキノコを取ってからゴール

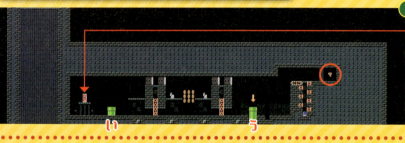

WORLD 10-3

コースのあちこちにヨッシーのタマゴが置かれている。ヨッシーに乗っている間は敵を食べられるほか、ダメージを受けても1回はしのげる。地中に潜んでいるチョロプーに注意。

- 全てのピンクコインを集めてからゴール
- こうらを使って連続で7UP以上してからゴール

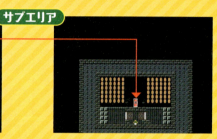

WORLD 10-4

レールに沿って移動するでかパタクッパと、でかパタクッパJr.の攻撃をかわしつつゴールを目指す。途中で乗れるヨッシーを利用し、炎やハンマー、ジャマな敵を食べて対処していこう。

- でかパタクッパをたおしてからゴール
- でかパタクッパJr.をたおしてからゴール

ポイント ヨッシーに乗り続けてでかパタクッパを攻撃

でかパタクッパを倒すにはファイアマリオかヨッシーが必須。ヨッシーに乗ったらクッパの吐く炎を食べつつ、ゴール地点にたどり着こう。でかパタクッパJr.を落とすと難易度が上がるので攻撃を当てないように。

◀ヨッシーでゴールに着いたら、炎を食べ、吐き出してぶつけていこう。

▶ヨッシーに乗ったら、攻撃をかわして死守。

ポイント① でかくつを利用して戦おう

メガブロスは踏みつけて倒すこともできるが、でかくつかでかクイーンくつのボフンを利用したほうが倒しやすい。ハンマーをかわしつつ、手前にいるものから倒していこう。

▲ボフンがギリギリ届く位置でヒップドロップ。攻撃後はすぐに左へ逃げてハンマーをかわそう。

ポイント② でかクイーンくつを履いて2つ目のカギドアへ

1つ目のカギはスタート地点の上にいるでかクイーンくつクリボーを倒すと入手できる。倒すにはでかくつが必要になるので、手前にいるでかくつクリボーから奪おう。また、2つ目のカギはサブエリアのうの土管の右上にあり、ボフンを利用すると入手できる。

◀ジャンプ中にでかくつを脱ぐと登れる。左へ進み、でかクイーンくつを入手。

◀ボフンでPスイッチを出す。スイッチを押し、くつ脱ぎジャンプでカギへ。

◀シャッターはこの位置でボフンを当てると、2マス上昇して下がらなくなる。

◀ここもボフンを活用。1UPキノコに当てて、一方通行してカベから出して入手。

ポイント③ スタート直後のノコノコを利用して達成

スタート地点の足場にいる8体のノコノコと、そこから右のほうにいる4体のノコノコで7UP以上が可能。足場のノコノコははだかノコノコとこうらに分離させ、連続撃破数を稼ぐのがポイントだ。

◀右から左へ踏んでいき、最後に右へ蹴って追おう。

ポイント④ ハンマーで落として踏みつけを繰り返そう

ヨッシーででかパタクッパJr.のハンマーを食べてぶつけよう。攻撃を当てるとレールから落ちて突進してくるので、おさまったところで、さらに踏みつけていこう。落としてからヒップドロップ2回で倒せる。

▲下のほうに来たときにハンマーをぶつけよう。

▲突進後、こうらから出たらすぐに踏みつけよう。周囲の敵も警戒！

WORLD 10-2〜10-4

087

SUPER MARIO

スーパーマリオチャレンジコース攻略編

088

WORLD 11-1

スタート地点からヨッシーに乗れるコース。敵を食べたり、ふんばりジャンプできるヨッシーの能力をいかして進んでいこう。特定の敵を食べると、吐き出して攻撃することも可能だ。

- 全ての敵をヨッシーで食べてからゴール
- ヨッシーから1回もおりないでゴール

ポイント: 出現場所を覚えて食べつくそう

放っておくと穴に落ちたり、仕掛けに倒される敵がいるため、それらを食べ損ねないようにしよう。また、すべての敵を"食べる"のが条件なので、カロンやパタバブル、チョロプーのスパナを食べたときは、吐き出して敵にぶつけないように。

WORLD 11-2

スタート地点のハテナブロックでいきなりマントマリオになれるコース。サブエリアはトゲ地形がやっかいだが、マントマリオで空を飛ぶと進むのがラクになる。

- マントマリオでゴール
- 1UPキノコを3コ取ってからゴール

サブエリア

WORLD 11-3

緩やかなオートスクロールで進んでいくコース。ゴールするだけならそれほど難しくないコースだが、クリボーメダルの条件となる全コインの回収は難度が高めだ。

- コインを全100まい取ってからゴール
- 全てのカロンをふんでからゴール

ポイント: 進むスピードはでかカロンで調節

コースの終盤に出現するパタカロンとでかカロンを、すべて踏めば条件達成となる。スーパージャンプを利用して連続で踏んでいけばいいが、パタカロンは一度踏むと穴に落ちていくため、次のでかカロンまでは一気に渡ろう。でかカロンは普通に踏んだだけでは倒れないので、前に進みすぎたときは、でかカロンを踏み続けてスクロールが追いつくのを待つようにするといい。

ポイント 空を飛んで一気にゴールへ向かう方法も

コースを普通に進んでもいいが、スタート地点からゴール地点まで空を飛べば簡単に達成可能。飛ぶ練習も兼ねて挑戦してみよう。

▶ここまで飛んで来れば、あとは右へ進んでゴールするだけ。

ポイント 2つのカギドアの部屋を回ろう

1UPキノコはスーパースターの地形内と、2つのカギドアを進んだ先に1つずつある。3つ目はサブエリアの**か**の土管の上のほうにあるので、空を飛んで取りにいこう。

▶ゆっくり落下し、**い**の土管へ。

▶2つ目のカギはピンクコインで。

▶パタパタ地帯の手前から飛ぼう。

ポイント リフト上のコインはテレサをかわしながら回収

コース前半のリフト上のコイン回収の難度が高め。テレサをかわしつつすばやく拾っていこう。リフト上で上下にテレサと交差するときは、リフトの端に立てば当たらない。テレサと左右に交差するときは飛び越えよう。

▶タイミングによっては端をすばやく かわそう！

▶上下リフトから右下へはすばやく！

WORLD 11-1〜11-3

089

SUPER MARIO

スーパーマリオチャレンジコース攻略編

WORLD 11-4

スタート地点に3つある土管のうち、どれに進むかでサブエリアの移動ルートと難度が変化する。ゴールするだけなら、難度が一番低いあの土管に入るのがオススメだ。

- パタ落ちるリフトに乗ってからゴール
- 高速溶岩リフトに乗ってからゴール

ポイント メダルの条件に合わせて入る土管を変更

クリボーメダルを狙うときはスタート地点でいへ、クッパメダルを狙うときはスタート地点でうへ進むのが前提となる。土管に進んだ時点で条件は達成となるので、あとはミスせずにゴールにたどり着けるかがカギになる。レールの行き先をよく見て敵をかわしていこう。また、高速溶岩リフトは斜めや上下に移動するときに左右に動くと落下しやすいので、無闇に歩き回らないようにしよう。

WORLD 12-1

コース終盤ではクッパクラウンに乗ってゴールを目指すことになる。クッパクラウンの移動には慣性が働くので、慣れが必要。カベや天井などにぶつかったときの反動にも気をつけよう。

- クッパクラウンを4コ以上引き連れてゴール
- クッパクラウンに1回もはじかれないでゴール

ポイント 後続のクッパクラウンを引き離さないように誘導

マリオのクッパクラウンもカウントされるためゴールまで連れていくのは3コまででいい。ゴールに近いサーチキラー砲台2体、キラー砲台1体、でかワンワン1体のクッパクラウンが狙い目だ。でかワンワンは途中の足場に引っかかりやすいので、コースの上のほうで引きつけ、足場を越えたところまで誘導しよう。4コ以上のクッパクラウンが、画面内にいる状態でゴールボールにつかまること。

WORLD 12-2

ファイアクッパクラウンで敵を撃ち落としていくシューティングゲームのようなコース。道をふさぐブロックは、ダッシュボタンの長押しで発射できるチャージ弾で破壊しよう。

- スコア80000以上を取る
- スコア100000以上を取る

ポイント 連続撃破でスコアアップ

チャージ弾で敵を連続撃破すると得点が高くなるので、敵が一直線に並ぶ場所で狙っていこう。途中のファイアフラワーは必ず取って攻撃を強化すること。また、残りタイムもスコアに加算されるので、でかパタクッパはできるだけ早めに倒そう。

▲ここはファイアマリオのチャージ弾で一網打尽に！

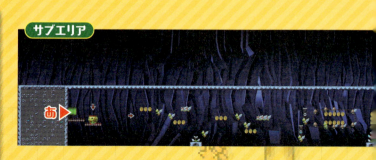

090

ポイント スーパーキノコの乗ったクッパクラウンまで急ごう

序盤からクッパクラウンに乗ると条件の達成がかえって難しくなるので、コースの中ほどまでは地上を進むといい。ダッシュでできるだけ後続のクッパクラウンを引き離し、地面が途切れたところで、右から来るスーパーキノコのクッパクラウンにすばやく飛び乗ろう。クッパクラウンは斜めに操作すると制御が難しくなる。操作が苦手なら上下左右に直線的に移動して、他のクッパクラウンをかわしていこう。

091

WORLD 11-4〜12-2

WORLD 12-3

ファイアクッパクラウンに乗って進む飛行船コース。敵への攻撃はファイアクッパクラウンの弾が頼り。砲台や敵を乗せたパタパタは、パタパタを狙って撃ち落としていこう。

- コインを全100まい取ってからゴール
- サブエリアを通ってからゴール

ポイント の 3方向弾を利用して道を作ろう

サブエリアに通じる**あ**の土管へ行くには、2本のファイアバーの上にある硬いブロックを壊さなくてはならない。ファイアマリオになってファイアクッパクラウンの弾を強化し、3方向チャージ弾で破壊しよう。ファイアバーの足場に乗るときは、頭をぶつけて落ちないように気をつけよう。

▲この辺りから3方向チャージ弾を発射。斜めの弾で硬いブロックを破壊。

WORLD 12-4

クッパクラウンでファイアバーやバーナー、ガリガリなどをかわしながら進んでいくコース。せまい道ではカベや天井にぶつからないように、直線的に移動していこう。

- 残りタイム200以上でゴール
- でかクッパJr.をたおしてからゴール

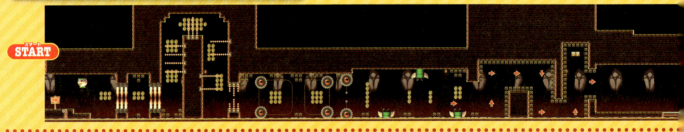

WORLD 13-1

プロペラマリオのプロペラジャンプがいきるコース。メダルを獲得するには、カベキック+プロペラジャンプの複合アクションも必須だ。POWブロックも有効活用していこう。

- 1UPキノコを4コ取ってからゴール
- コインを全100まい取ってからゴール

ポイント の サブエリアを回ってピンクコインを回収

4つの1UPキノコのうち、1つ目はスタート地点の上にあるので、カベキックで登って入手しよう。2つ目は**い**の土管から行ける部屋にあり、砲台から発射されるボムへいで硬いブロックを壊せば取れるようになる。残る3～4つ目はカギドアの先の部屋にある。カギはピンクコインを4枚集めると手に入るので、**あ**、**い**、**え**、**お**の土管からサブエリアの各部屋に進んで手に入れよう。

▲**い**の土管の入口をふさぐブラックパックンは、下の土管から出るPOWブロックを運んで倒そう。足場へはプロペラジャンプで上昇していこう。

▲この部屋では右側のカベをずり落ちていき、カベから離れたところでプロペラジャンプで右上に飛ぼう。カベをくぐるときは右を押しっぱなしにする。

▲ボムへいを運んで硬いブロックをくすれるくらい壊しておく。下は穴なので、飛び降りて空中のピンクコインを取ったら、プロペラジャンプで足場に戻ろう。

▲トゲ地形が置かれている足場の横も利用し、3回カベキックしよう。この方法で高さを稼ぎ、最後にプロペラジャンプで上空の足場まで飛ぼう。

▲足場に飛び移るときは、足場よりも少し低い位置からジャンプしよう。

クッパクラウンを利用しつつ3回踏みつけ

クッパクラウンで相手よりも高い位置をとり、そこから踏みつけていこう。クッパクラウンを失うと踏みにくくなるので注意したい。とくに乗り捨てたクッパクラウンが画面外に出ると、消えてしまうので注意しよう。

▲接近してクッパクラウンからジャンプし、踏みつけていこう。

▲クッパクラウンから落ちてしまったら、すぐに乗りなおすようにしよう。

093

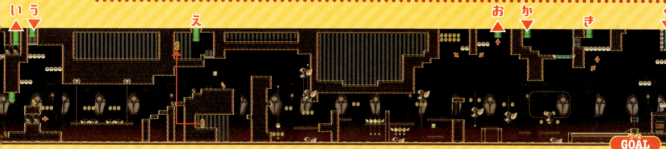

WORLD 12-3〜13-1

ピンクコインも含めてすべてのコインをキャッチ

条件のコイン100枚にはピンクコインも含まれるため、サブエリアの部屋も回ってすべて回収しよう。サブエリアに通じる土管の多くは、プロペラマリオのプロペラジャンプが必須なので変身を維持すること。プロペラキノコはハテナブロックや、サブエリアの砲台から入手しよう。

▲POWブロックで落下したコインは一定時間で消えるので、すぐに入手！

▲溶岩に近い3枚は、上下に移動する雲ブロックに乗ると取りやすい。

SUPER MARIO

WORLD 13-2

ベルトコンベアやリフトを利用してPスイッチや敵を運んでいけるコース。パックンフラワーのタワーはPスイッチで、ゴールのクッパは頭上にブラックパックンを運べば倒せる。

- チョロプーを5体以上たおしてからゴール
- 全てのチョロプーをたおしてからゴール

ポイント① 仕掛けを利用してチョロプーたちを倒そう

スタート地点のチョロプーはPスイッチで落とそう。PスイッチはベルトコンベアとリフトでTの道まで運搬。画面の上部に出るチョロプーも同じ方法で導こう。また、カベの中にいるチョロプーは、クッパの炎でボムへいに着火して撃破。終盤の大量のチョロプーは音符ブロックとリフトを利用して右へ誘導しよう。

▲最上段に出現するチョロプーは、少しずつ左へ誘導。 ▲ベルトコンベアの終点まで来たら右のほうへ誘導しよう。 ▲上下するリフトで、さらに右へ誘導していけば下に出せる。

WORLD 13-3

大小の帆船が地形となっているコース。出現する敵はカロンやネッチーとなっており、幽霊船のような演出に注目だ。カロンは踏んでも復活するが、マント攻撃なら完全に倒せる。

- 全てのカロンをマントでたおしてからゴール
- でかパタカロンの投げるホネを10コ以上マントではじいてからゴール

ポイント① 13体のカロンたちをマントで撃退

ゴール地点にいるでかパタカロンを含めて、13体のカロンを倒すのが目標。マント羽根が出るハテナブロックは4か所あるが、変身後はダメージを受けたときのためにストックしておこう。カロンは近づいてマント攻撃を当てれば簡単に倒せる。ホネを投げてくるので、後ろから近づいて攻撃すると安全だ。

◀進路だ。でか大砲の弾を狙うときに注意。カロンを ◀ダメージを受けたら、マント羽根を再入手しよう。

WORLD 13-4

音符ブロックで飛び跳ねるパックンフラワー地帯を抜けていくコース。ジャンプでかわせばそれほど難しくないが、ジャンプしないことが条件となるメダルの獲得は難度が高めだ。

- メインエリア（地上）で1回もジャンプボタンでジャンプしないでゴール
- スタートから1回もジャンプボタンでジャンプしないでゴール

ポイント① パックンフラワーが下がるタイミングで切り抜けていこう

メインエリアのパックンフラワーは、下がるときに1体ずつかわしていこう。音符ブロックの場所ではいったん止まり、右から来るクリボーを音符ブロックの飛び跳ねを利用して越えていこう。サブエリアも同じ要領だが、飛び跳ねるパックンフラワーが互い違いなので、2体ずつ通過していくのがポイントだ。

◀クリボーを引きつけてから音符ブロックで跳ねよう。 ◀サブエリア。ダッシュで一気に2体ずつかわそう。

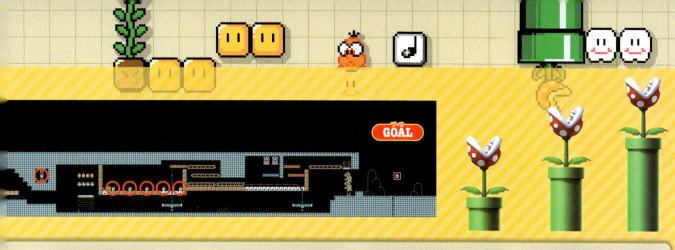

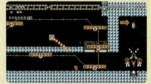

▲Pスイッチを踏み、パックンフラワーのタワーを撃破。さらに、効果中にスタートのチョロプーを倒しにいく。

▲いったん右へ進んでから戻るとクッパの炎が飛んでくる。これを利用してカベの中のボムへいに着火しよう。

▲終盤のチョロプーは、上下リフトを動かして右へ誘導。着地を狙って音符ブロックを叩いて倒してもいい。

▲右へ誘導したチョロプーは、途中のドッスンに踏ませるか、一方通行カベから落として踏みつけよう。

ポイント 少し離れてホネを迎撃

でかパタカロンが投げてくるホネをマント攻撃で跳ね返していくだけだが、でかパタカロンの足元にはチョロプーが潜んでいるので要注意。近づくと、出現したチョロプーがでかパタカロンを乗せたまま動き回るので、離れてホネを跳ね返そう。

◀これくらい離れれば大丈夫。ジャンプしつつ、ホネにマント攻撃を当てよう。

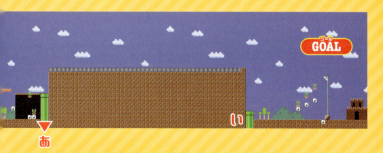

SUPER MARIO

WORLD 13-5

プロペラマリオは物を持ったまま、プロペラジャンプで上昇できる。プロペラジャンプ後はゆっくり落下できるのも特徴。これらを利用してコインを集める仕掛けが盛り込まれたコースだ。

- ゴールで2UPする
- コインを全200まい取ってからゴール

サブエリア

ポイント① こうらを持ってゴールポールのてっぺんへ

ゴールポールのてっぺんにつかまれば1UPできるが、条件を満たすにはさらに1UPする必要がある。ゴール地点にいる4体のでかパタパタは、ゴールポールに捕まった時点で得点に加算されるが、1UPするには数が足りない。そこでノコノコのこうらをプラスしよう。ノコノコはゴール手前の囲まれた足場の中にいる。向かうにはプロペラマリオで飛ぶのが必須だ。パタパタを踏みつつ上昇して居場所に入ろう。

▲ノコノコの足場へはここから入る。一番右まで踏んでプロペラで上昇だ。

▲こうらを持ったまま、リフトからジャンプ+プロペラで上昇しててっぺんへ。

WORLD 13-6

スタート地点のドアを出てからは、レールで移動してくるガリガリに追いつかれないように進まなくてはならない。バーナーやバブルは、行けるタイミングですばやくかわしていこう。

- でかクッパをたおしてからゴール
- でかクッパをたおしてから残りタイム200以上でゴール

ポイント② ファイアマリオになってでかクッパを撃破

でかクッパを倒すにはファイアマリオになる必要がある。でかクッパの手前にあるハテナブロックからは必ずファイアフラワーが出るので、そこで変身しよう。ただし、変身のチャンスは1回なので注意しよう。でかクッパと戦うときに右側に回るとやられやすいので、左側をキープ。炎は左の通路も利用してかわしていこう。

◀炎をかわしながらファイアボールを連発！

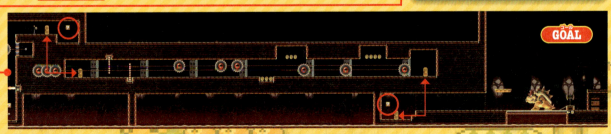

のポイント プロペラジャンプやPOWブロックを活用

プロペラジャンプですべてのコインを回収できる。道をふさぐブラックパックンはPOWブロックを運んで倒そう。POWブロックはコースの中ほどにある土管から出てくるので、数には困らないはずだ。サブエリアのコインはゆっくり落下して回収しよう。

▲足場のブラックパックンはPOWブロックで簡単に倒せる。　▲POWブロックの効果で落下したコインは、消える前に取ること。

▲うの土管へは、このくらい落下してからプロペラジャンプで上昇。　▲ゆっくり落下してガリガリの間を抜ける。POWブロックを運ぼう。

▲右上の足場にもブラックパックンがいるので、POWブロックを運搬。　▲POWブロックで一撃だ。くぼみの中のコインをすべていただこう。

WORLD 14-1

たくさんの輪になるテレサをかわして進んでいくコース。スタート直後は、しばらく待つと輪になるテレサの進行方向が変わるので、その動きに合わせて進もう。

- コインを全70まい取ってからゴール
- スーパースターを使って無敵になったままゴール

のポイント 輪になるテレサはスキマから中へ

輪になるテレサのスキマから中に入ったり出たりしながらコインを集めよう。輪になるテレサが重なっている場所では、両方のスキマが並ぶときに一気に通過しよう。ゴール手前の縦並びのコインはまっすぐ落下してキャッチ。足場のコインはスーパースターの効果中に取ろう。

◀ここでは右からスキマを抜けて足場へ登る。　◀ダッシュジャンプでスキマに飛び込もう。

▲出るときは左から。スキマをすり抜けよう。　▲コインを取ったら、すぐにスキマから脱出。

のポイント レンガブロックからショートカット

無敵中にゴールするには、ゴールボールの上にあるレンガブロックを壊せば間に合う。レンガブロックまでスーパーマリオで行く必要があるため、コースの途中にあるハテナブロックからスーパーキノコを入手。その後はダメージを受けずにスーパースターまでたどり着こう。

▲一番左のレンガブロックをヒップドロップで壊せば、そのままゴールできる。

スーパーマリオチャレンジコース攻略編

WORLD 14-2

天井のメットを警戒したいコース。縦位置が近づくと降ってくるので、下を通るときは手前で止まってかわすのが無難だ。サブエリアのメットこうらをかぶれば、頭に当たっても大丈夫だ。

- メットマリオでゴール
- 5UP以上してからゴール

ポイント① ツタを出してメットこうらの置き場所へ

あの土管からサブエリアへ行き、メットこうらをかぶってゴールを目指そう。
あの土管へは、土管の下の地面に置かれているハテナブロックに、メットこうらをぶつけてツタを出せばいい。

▲手前に出現するメットを右に蹴ればツタを出せる。

ポイント② 1UPキノコの入手や連続撃破を狙おう

5UP以上するには1UPキノコを2個入手し、さらに連続撃破で合計3UP以上を狙う。連続撃破はいずれもメットこうらを利用。2UPはゴール直前のトゲゾーで達成できるので、残りの1UP以上を他の場所で達成しよう。

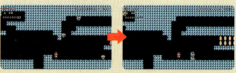

◀最初の1UPキノコへ。天井のメットをやりすごしてから、右から来るメットでスーパージャンプ。

WORLD 14-3

トゲ棍棒をかわして進むコース。水中ではダッシュできないため、カベや天井のくぼみなどを利用してかわそう。メインエリアではトゲ棍棒が出てくる順番を見極めることが大切だ。

- カギドアに入ってからゴール
- コインを全100まい取ってからゴール

WORLD 14-4

オートスクロールで進んでいく城のコース。パタバブルはカベや天井で反射するので、進路を予測してかわしていこう。パワーアップアイテムは特定のパタ透明ブロックに入っている。

- 全てのパタ透明ブロックをたたいてからゴール
- 全てのクリボーをたおしてからゴール

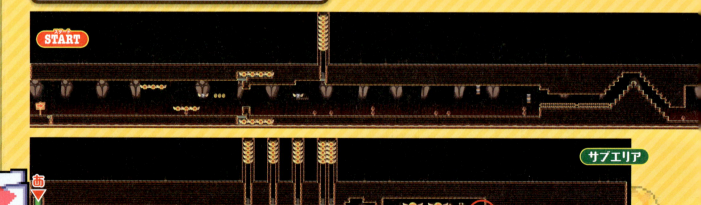

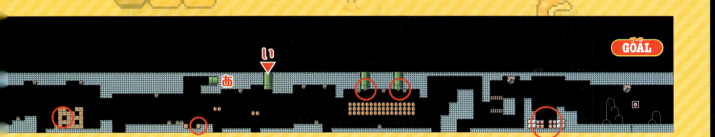

◀蹴ったこうらが消えないように近くのメットを運び、8体をしゃがみ落とせば1UP。

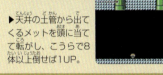

▶天井の土管から出てくるメットを頭に当てて転がし、こうらで8体以上倒せば1UP。

◀ここまでメットこうらを1つ運ぼう。でかメットを下から突き上げて上段に乗せたら、トゲゾーのところに蹴り込む。

◀運んできたメットこうらを地面に落とせば、もう1UP。落とすときに直接でかメットこうらに当てないように。

サブエリア

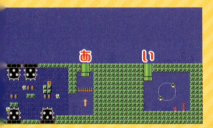

ポイント② 入手チャンスが限られるコインに集中

　水中でも地上でも、トゲ棍棒が引っ込んだときにコインをすばやく拾っていこう。どちらのメダルも、5枚あるピンクコインの回収が必須。メインエリアの1枚は、トゲ棍棒で硬いブロックが破壊されると取れなくなるので、その前にキャッチしよう。

◀このピンクコインは足場が壊されると取れなくなる。チャンスを逃さないように！

WORLD 14-2〜14-4

099

ポイント① 見逃しやすい2つをチェック

　いに着いたら、右からパタ透明ブロックが来るのを待とう。また、ゴール地点では高い位置を飛んでくるものも見逃さないように。

◀オートスクロールは止まるので、あわてずに待とう。

ポイント② 素早く倒したい3か所のクリボー

　ほとんどのクリボーは向かってきたところを倒せばいいが、リフトにはさまっているものや、カベ際のスキマにいるものは、場所を覚えて早めに対処していこう。

◀しゃがみジャンプで乗って下に落とそう。

▲ダッシュしつつ、しゃがみジャンプでスキマに入ろう。

▲ちくわブロックを落として降り、下の道の1体へ。

SUPER MARIO

WORLD 15-1

ふんばりジャンプで離れた場所や高い場所へ登ったり、炎でボムへいに着火したり、ヨッシーが大活躍するコース。物を口にくわえたまま運べるという特徴も覚えておこう。

- ヨッシーに乗ったままゴールポールで1UP
- ヨッシーにスーパースターをくわえさせたままゴール

ポイント 高台からゴールポールへふんばりジャンプ！

ゴール手前の高い場所にいるでかボムへいを爆破して、そこからふんばりジャンプすればゴールポールのてっぺんにつかまれる。バーナーの炎を口に含んで運び、でかボムへいに着火して爆破しよう。ふんばりジャンプするときはダッシュで加速。一度飛んだら、ジャンプボタンとダッシュボタンは押しっぱなしだ。

WORLD 15-2

オートスクロールのなか、足場を渡っていく飛行船コース。足場に潜むプーは、しっぽ攻撃を使うと倒すのが簡単。特定の場所で飛んでくるパタスーパーこのはをキャッチしよう。

- 全てのプーをたおしてからゴール
- プーを1体もたおさないでゴール

WORLD 15-3

メインエリアにブロックで描かれた家が建ち並び、サブエリアで家の中が表現されているコース。チャイムがなる音符ブロックや、楽器ブロックの車など、楽しい仕掛けが満載だ。

- 残りタイム475以上でゴール
- コインを全100まい取ってからゴール

ポイント ジュゲムの雲で急ごう

スタートから3つ目の家の煙突（土管）からジュゲムの雲が出る。これに乗ってハンマーブロスがいる赤い屋根まで飛び、ゴールまで急ごう。ジュゲムの雲に乗るまでもスピーディに。スタート地点から2つ目の家の煙突からダッシュジャンプし、空中のパタパタでスーパージャンプして一気に進もう。ハンマーブロスは、赤い屋根の中を通過してかわすと安全だ。

▲煙突の右端からダッシュジャンプ。そのままパタパタでスーパージャンプしよう。

▲ジュゲムの雲が出るのを待って飛び乗り、赤い屋根の家まで一気に飛ぼう。

ポイント 道を作るときはスーパースターをくぼみにストック

スーパースターはコースの中ほどの下のほうにある土管から出てくる。これを口にふくんでゴールを目指そう。途中のパックンフラワーやでかボム兵を倒すときは、近くのくぼみにスーパースターを吐き出してストックしておけばいい。敵を倒して進めるようになったら、ストックしたスーパースターを再び食べよう。

▲このくぼみに吐き出しておけば、ストックしておける。

サブエリア

サブエリア

ポイント でかキャラを倒してカギドアへ

メインエリアの空中のコインは、ジュゲムの雲に乗って回収しよう。その他のコインは、すべてサブエリアにある。サブエリアの各部屋ででかキャラやクッパJr.を倒すとカギを入手できるので、カギドアから屋根裏部屋に入ってコインを回収していこう。クッパとクッパJr.は、部屋のスーパースターを利用して倒すといい。また、**お**の土管から入れる地下にも3枚あるので、忘れずに取りにいこう。

◀ジュゲムの雲から赤い屋根に降りたら、上まで登らずに中を通ってハンマーブロスをくぐろう。ここを抜ければゴールは目前だ。

▲でかクリボーやでかノコノコなど、室内のでかキャラを倒せばカギが手に入る。これでカギドアへ進もう。

▲クッパとクッパJr.の部屋。スーパースターは少し高い足場にあるので、リフトに乗るなどしてキャッチしよう。

SUPER MARIO

スーパーマリオチャレンジコース攻略編

WORLD 15-4

スネークブロックでゴールを目指すコース。途中に足場がほとんどないため、落ちないように気をつけよう。とくにスネークブロックの方向が変わるときは左右に歩きすぎないように。

- 1UPキノコを取ってからゴール
- クッパをたおしてからゴール

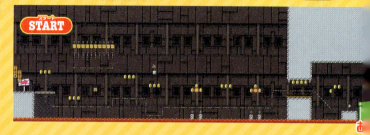

サブエリア

ポイント スネークブロックの移動を待って入手

1UPキノコは あ の土管を抜けたあとの、空中のハテナブロックに入っている。ちょうどスネークブロックの向きが変化する場所にあるため、焦りは禁物だ。いったんハテナブロックに乗り、下にスネークブロックが移動してきたところで中身をいただこう。

▲スネークブロックが下に来るまでハテナブロックで待機。

WORLD 16-1

乗ると飛び跳ねるマルマルを足場にして進んでいくコース。小さく跳ねるときはジャンプボタンを押さずに、高く跳びたいときはジャンプボタンを押しっぱなしにして飛び乗ろう。

- カギドアに入ってからゴール
- コインを全200まい取ってからゴール

WORLD 16-2

スタートからゴールまで、いろんな敵がつらなって登場するコース。やや難度が高めだが、こうらやスーパースターを利用して連続撃破すれば、残り数はたっぷり稼げる。

- 全ての敵をたおしてからゴール
- スーパースターを取らないでゴール

ポイント こうらとスーパースターで敵を一掃

踏めない敵も多数登場するため、すべて倒すにはこうらやスーパースターの利用が必要不可欠だ。スタートしたら、すぐに最初のノコノコを蹴って右へ追いかけていこう。スーパースターを取ったら、無敵中にゴールまで行くのが目標だ。立ち止まると間に合わないのでダッシュボタンは押しっぱなしに。途中の敵はもらさず、すべて体当たりで倒していこう。

▲こうらはジャンプ台で跳ねるときに速度が落ちるので、ぶつからないように。

▲ここはダッシュで突っ切れば届く。ジャンプしないほうが続く敵を倒しやすい。

ポイント カギドアに進んでファイアマリオに変身

クッパを倒すにはカギドアの先でファイアフラワーを取る必要がある。いの土管を抜けたら、ピンクコインを2枚集めてカギを手に入れよう。うまく取るには、上下に交差する2つのスネークブロックのうち、どちらに乗り継いでいくかがポイントになる。

▲1枚目は最初のスネークブロックの左端に立って下へ。

▲2枚目は右端から下へ飛び降りてキャッチしよう。

▲ダメージを受けるとメダルを獲得できないので徹底回避。上から降る炎は間に立ってかわそう。

ポイント ピンクコインの取り方をチェック

4枚のピンクコインを集めてカギを手に入れ、カギドアに進めば条件達成だ。2枚目はでかノコノコ、3枚目はノコノコを蹴れば入手できる。

◀3枚目のピンクコイン。マルマルの間に入ってノコノコを蹴ろう。

▲4枚目。上のマルマルで小さく跳ねて下のマルマルへ飛び降りよう。

▲ピンクコインを取ったら、そのままマルマルで右へ高く跳ねよう。

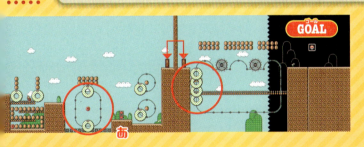

ポイント ゴール直前は落ち着いて回収

ゴール直前のコインはガリガリをかわしつつキャッチ。1回で取り切れなくても、マルマルは巡回しているので乗りなおせる。

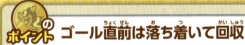

◀しばらく待っていれば、下から回ってくる。

ポイント クッパは突っ切るのが手っ取り早い

つらなった敵はノコノコやメットなど、踏める敵のこうらを利用して数を減らしていこう。スーパーマリオでクッパのところまでたどり着ければ、ダメージ覚悟で突っ切ってゴールボールまで目指すのも手だ。ダメージを回避したい場合は、クッパの手前にいるでかクイーンくつクリボーから、でかクイーンくつを奪おう。そうすればクッパを踏みつけても大丈夫。

▲でかクイーンくつを奪うときは、でかメットを右に蹴るなどして敵を片づけよう。

▲クッパの炎をうまくかわせれば、踏みつけてゴールボールまでスーパージャンプ。

SUPER MARIO

WORLD 16-3

足場はすべて落ちるリフトとパタ落ちるリフトになっているため、立ち止まらずにゴールを目指そう。パタパタを踏んで進まなくてはならない場所も多い、テクニカルなコースだ。

- 全ての落ちるリフトを落としてからゴール
- コインを全150まい取ってからゴール

ポイント パタパタも利用してコインをキャッチ

空中のコインを次々とキャッチして進もう。トゲ地形の下のコインはこうらを当てて回収。多数のパタパタが並んでいる場所や最後のパタパタ地点は、リフトを渡る順番も重要だ。

▶トゲ地形手前のノコノコは右に蹴り、すぐに追いかけていこう。

▲下段左のリフトの2枚→パタパタ上の8枚の順で取り、残るリフトへ。

WORLD 16-4

メットこうらやヨッシー、クッパクラウンなど、コース上のさまざまな仕掛けをうまく利用して進んでいくコース。メダルの獲得は、これらの利用を最小限に抑えて急ぐ必要がある。

- 残りタイム150以上でゴール
- 残りタイム200以上でゴール

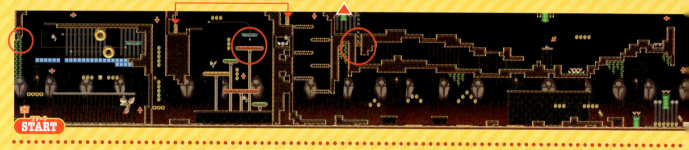

WORLD 17-1

ハテナブロックに隠されているアイテムを利用して進むのが基本だが、それらをいっさい使わずにゴールする方法も隠されている。その方法を実践するのがクッパメダルの条件だ。

- 全てのハテナブロックをたたいてからゴール
- ハテナブロックを1コもたたかないでゴール

ポイント パタハテナブロックを見逃さないように

条件的にはゴール地点で飛んでくるパタハテナブロックも入る。ゴールへはでかパタメットに乗っていくことになり、パタハテナブロックをうまく叩くには、でかパタメットに乗る位置がポイントだ。

▶足場の右ではなく、左から乗って上昇していこう。

ポイント アイテムを使わずに進む方法

スタート直後の段差はダッシュジャンプ＋カベキックで登れる。その後はタワー化したトゲゾーをスピンジャンプで踏み、上空のツタから上の道を進んでいく。でかボムへいがいるベルトコンベアでは、ジャンプ台を取り出してガケを登ろう。最後は砲台から発射されるパタメットに乗ってゴールだ。

▲空中の4枚を取りつつ、右のリフトへ飛んで2枚をキャッチしよう。

▲続けてパタパタ上の2枚を取りつつ、スーパージャンプで右へ飛ぶ。

ポイント❷ 5か所で移動時間を短縮

まずはゴールまでの道のりを覚えることが先決だ。そのうえで、以下の画面写真の方法をスピーディに成功させて、移動時間を短縮していこう。ゴールするにはクッパを倒す必要があるため、ファイアマリオでたどり着いて速攻で倒そう。

▲スタート地点の上。ツタからジャンプし、カベキックで足場へ。

▲赤いキノコ地形からダッシュジャンプ＋空中スピンで左上の足場へ。

▲スキマの右側でカベキックし、ブラックパックンを押し上げて左へ。

▲ふんばりジャンプの最高点で、ヨッシーから降りて足場に乗ろう。

▲メガブロスの地響きも警戒しつつファイアボールを連発して撃破！

▲スピンジャンプで低いほうから高いほうを踏み、上空のツタへ。

▲右端のツタからジャンプし、スピンを2回して右の足場へ渡ろう。

▲ジャンプ台を小ジャンプで飛び越え、上に持ち出してガケを登ろう。

▲パタメットは砲台から発射される。ここから乗ってゴールを目指そう。

WORLD 16-3〜17-1

105

SUPER MARIO

WORLD 17-2

サブエリアには5つの部屋があり、土管から入れる最初の部屋から、カギドアで4つの部屋に行ける仕組みになっている。最初のカギはメインエリアのでかカロンを倒して入手しよう。

- 全てのでかカロンをたおしてからゴール
- 7コのカギドアに入ってからゴール

ポイント① カギドアの部屋を回って倒そう

でかカロンはメインエリアに1体、サブエリアに4体いる。土管からサブエリアの最初の部屋に入ると、タマゴが割れてカギを1つ入手可能。残りのカギは、そこからカギドアの各部屋にいるでかカロンを倒すことで入手できる。サブエリアの最初の部屋から4つのカギドアに進む順番は自由だが、最初は **い** に進んでファイアマリオになり、次に **え** に進んでヨッシーを手に入れるのがオススメだ。

▲ **い**の部屋。右端まで進み、ツタにつかまってでかカロンをやりすごす。

▲ でかカロンが反転したら後ろから近づき、ドッスンを当てて倒そう。

▲ 上に乗ってトゲ地形を越える。右から来る弾はしゃがんで回避。

▲ キラー砲台から発射される着火したボムへいを上に投げよう。ヨッシーでトゲゾーを食べてぶつけてもいい。

▲ 右端でヨッシーに乗ったら、ホネを食べてでかカロンにぶつけよう。

▼ ちくわブロックの下でジャンプし、POWブロックを叩けば倒せる。ヨッシーでホネをぶつけても倒せる。

WORLD 17-3

ボムへいやパタボムへいと、硬いブロックを組み合わせた仕掛けが多いコース。コース後半の足場はパタボムへいの爆発で崩れていくので、土管から出るジュゲムの雲を利用しよう。

- 1UPキノコを4コ以上取ってからゴール
- 1UPキノコを6コ取ってからゴール

ポイント② 1UPキノコの獲得方法

入手できる1UPキノコは全部で6つだ。そのうち4つを取ればクリボーメダルを、すべて取ればクッパメダルを獲得できる。6つのうち3つは、特定の場所にある透明ブロックやハテナブロックの中。残りの3つはゴール直前の土管から出てくる。でかパタボムへいの爆発に巻き込まれると入手できなくなるものがあるので、場所を覚えてすばやく手に入れよう。

▲ 1つ目はスタート直後。レンガブロックをボムへいで壊し、くぼみに入って叩く。

▲ 2つ目はハテナブロックの中。ジュゲムの雲で行き、爆破される前に取ろう。

ピンクコインも集めて7つのカギドアへ

クリボーメダルを獲得するときと同じように、サブエリアの部屋を回っていけば、ゴールまでに自然と6つのカギドアを開けることになる。7つ目のカギドアはゴール地点から左のカベ際にあり、サブエリアのでかカロン4体を倒しつつ、ピンクコインを4枚集めれば必要なカギがすべてそろう。ピンクコインを集めるときは、サブエリアの最初の部屋から**い→え→う→お**の順番で進むのがスムーズだ。

▲**い**の部屋。ファイアマリオになってから、スピンジャンプで下段へ。

▲**で**で杭なしワンワンの間に入って左へ進み、ピンクコインを拾って上段へ。

▲ピンクコインのうち2枚はカベの中に埋まっている。ピンクコインの周りのブロックは壊せないが、ヨッシーを利用すれば食べてキャッチできる。

▲**う**の部屋から運んだPOWブロックでブラックパックンを倒したら、トゲゾーこうらをかぶってカベ際へ。

▲頭突きで空ブロックを壊したら、ジャンプしつつ空中でヨッシーから降りてピンクコインをキャッチ。

▲3つ目はカギドアの先にある。カギはパタボムへいを投げてぶつければ取れる。

▲土管から出る3つは足場に落ちる。でかパタボムへいを落とし、足場を守って回収。

WORLD 17-2〜17-3

SUPER MARIO MAKER

スーパーマリオチャレンジコース攻略編

WORLD 17-4

コースのあちこちでワンワンが行く手をはばむ。ワンワンはスーパースターやPOWブロックで撃退可能。杭なしワンワンは移動が速いので、早めに対処していこう。

- 全てのでかワンワンをたおしてからゴール
- 全てのワンワンとでかワンワンをたおしてからゴール

WORLD 17-5

足場はすべて氷ブロックなので、滑って落ちないようにしよう。途中で入手できるスーパーこのはでしっぽマリオに変身し、空を飛んでいくとゴールまで行くのがラクになる。

- 全ての敵をしっぽでたたいてからゴール
- コインを全100まい取ってからゴール

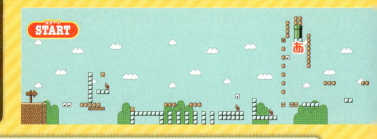

ポイント 最後のパタパタ2体もしっぽで叩こう

スーパーこのはでしっぽマリオに変身し、遭遇する敵をしっぽで叩いていこう。穴に落とした敵はスクロールで復活するが、1回でも叩いていれば条件にカウントされる。ゴール直前のパタパタ2体は、リフトやゴール地点を利用してしっぽを当てよう。

 ◀2体のうち左側のパタパタは、左右リフトの端に立てば、しっぽ攻撃が当たる。

 ◀右側のパタパタは、ゴール地点で助走しつつ、空を飛んでしっぽを当てる方法も。

WORLD 17-6

足場がベルトコンベアになっているため、流れをよく見て対処していこう。進行方向と逆向きのベルトコンベアは、ダッシュボタンを押し続けて十分に加速しないと前に進めない。

- スーパーキノコを5コ取ってからゴール
- コインを全100まい取ってからゴール

ポイント 3つ目と4つ目の入手に集中

1～3つ目のスーパーキノコは落下後に右へ進んでいくので、スタート直後からダッシュして追いつこう。4つ目はトゲメットがいる足場の上のレール上を回っている。また、5つ目はゴール地点で飛んでくるので足場からジャンプしてキャッチしよう。

 ◀3つ目。ダッシュし続けていけば、音符ブロックで跳ねた辺りで追いつける。

 ◀4つ目。トゲメットの移動に集中して、飛び越えながらキャッチするといい。

ポイント❷ ドッスンやアイテムを利用してワンワンたちを撃退

メインエリアのつながれたワンワンとでかワンワンは、近くのハテナブロックからスーパースターを取れば簡単に倒すことができる。スタート直後の杭なしワンワン2体はドッスンに踏ませて倒そう。またサブエリアのリフトにつながれたワンワンはPOWブロックで撃退。リフトで進んでいくとパタPOWブロックが飛んでくるのでキャッチしよう。

▲杭なしワンワンが下に来るタイミングでドッスンを落とそう。

▲ダッシュボタンを押しながら横からぶつかってキャッチ。

▲ワンワンの頭にぶつけるか、着地しているときに投げよう。

サブエリア

ポイント❸ サブエリアのコインも回収

コインはサブエリアにもあるので、忘れずに**あ**に入って回収しよう。**あ**は上空にあるが、土管の下のツタを出せば登っていける。もしくは、しっぽマリオで空を飛んで向かってもいい。空を飛ぶときは1ブロック幅の氷ブロックの道で助走しよう。

◀Pメーターはノコノコの直前でたまる。ノコノコにぶつかる前に飛び立とう。

◀空を飛び、左端から上へ。Pメーターはダッシュで部屋を往復してためよう。

ポイント❹ ベルトコンベアの向きに注意してコインをキャッチ

コインの並びにならってダッシュやジャンプでキャッチしていこう。ベルトコンベアの流れは、場所によって進行方向と逆方向があるため、向きをよく見て対処。逆走もできるので、ゴール地点と近くの7枚以外は、取り逃がしても拾いなおせる。

◀ここにある空中のコインは、雲の足場からでも取れる。落ち着いて回収しよう。

◀レールには7枚のパタコインがある。トゲメットをかわしながらキャッチ。

WORLD 17-4〜17-6

SUPER MARIO

WORLD 17-7

くつクリボーの靴を利用する仕掛けがあちこちに盛り込まれているお化け屋敷コース。クッパメダルを獲得するには、ジャンプ中にくつを脱いでさらに遠くへ飛ぶテクニックが必要だ。

- くつをはいたままゴール
- 2コのカギドアに入ってからゴール

ポイント くつの入手場所を覚えてゴールへ

いの土管に進めばでかくつクリボーもいるが、そこへ行くにはピンクコインを回収する必要があるので、やや難度が高い。クリボーメダルだけを狙うなら、それ以外のくつクリボーからくつを奪い、メインエリアだけを進んでゴールを目指すのがオススメだ。くつクリボーの出現場所は3か所あるので、くつを失ったら再入手しよう。

ポイント ピンクコインの回収とくつが必須に

カギの1つはピンクコインを3枚集めると入手可能。2つ目のカギはいの土管の先で輪になるテレサを倒せば手に入る。1つ目のカギドアとなるあには、ゴール手前に出現する輪になるテレサから、ジュゲムの雲を奪って向かおう。いに進んで2つ目のカギを入手したら、えからスタート地点に戻り、2つ目のカギドアに入ろう。2つ目のカギドアは空中にあるが、テレサが乗せている砲台を落とせば足場にできる。

▲ピンクコイン1枚目。くつを履き、テレサを踏んで足場に登ろう。 ▲2枚目。パタ透明ブロックを足場にしつつ、トゲ地形の足場へ。 ▲3枚目。ダッシュジャンプしつつ、空中でくつを脱いで右まで渡ろう。 ▲3枚目入手後にくつを失ったら、ここでくつクリボーを出して再入手。

WORLD 17-8

ヨッシーの力を借りて進んでいくコース。カベに埋まっているボムへいを爆破すると安全に進めるが、爆破せずに進む方法もある。メダル獲得に挑戦し、どちらの方法も試してみよう。

- 1回もダメージを受けないでゴール
- ボムへいを1体もたおさないでゴール

ポイント ボムへいを爆破して安全に進もう

カベに埋まっているボムへいを爆破していくと、周囲のブロックや敵を倒せる場所が多い。この方法で危険を減らしつつ、ダメージを受けないようにゴールを目指そう。ベルトコンベアとリフトがある場所ではヨッシーから降り、カベキックなどで足場に登ろう。ヨッシーはベルトコンベアとリフトで足場の上に運び、合流するように。スーパースターを入手したら、無敵中にゴールまでダッシュだ。

▲ここではヨッシーでパタバブルを食べて3方向弾でボムへいに着火しよう。 ▲バーナーの炎を食べて発射すれば、下段から上段のボムへいが連続爆破！ ▲ハンマーブロスは1体ずつ慎重に撃破。ハンマーを食べて当てていこう。 ▲ファイアバーの炎でボムへいを爆破し、奥のスーパースターを取ろう。

▲スタート直後のドアの先では、土管からくつクリボーが湧き出てくる。

▲パタ透明ブロックの1つからくつクリボーが出る。ここでも入手可能。

▲ハテナブロックからくつクリボーが出現。ここが最後の入手場所だ。

▲ここでくつを失うと再入手できない。輪になるテレサは慎重に対処。

サブエリア

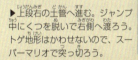

◀テレサの辺りまで進むと、右から輪になるテレサが来る。テレサを踏み、輪の中にあるジュゲムの雲に乗ろう。くつを失うと失敗だ。

◀ハテナブロックから出現するでかくつクリボーを倒し、でかくつを履く。ポッフンで輪になるテレサを全滅させてカギを入手しよう。

▶上段右の土管へ進む。ジャンプ中にくつを脱いで右側へ渡ろう。トゲ地形はかわせないので、スーパーマリオで突っ切ろう。

▶砲台がカベに当たるようにテレサを誘導し、カギドアの真下に砲台を落とそう。うまくいったら、あとはカギドアで進むだけだ。

ポイント ボムへいに着火せずに難所を通過

　スタートすると、すぐにレールを移動するバブルがボムへいに着火してしまうので、その前にヨッシーでバブルを食べること。以降はボムへいに着火しないように、ジャマな敵だけを倒して進んでいけばいい。ガリガリ地帯は、ガリガリを踏みつつ向こう岸へ渡ろう。

　また、スーパースターは利用できないので、ゴール地点のクッパはヨッシーに乗って倒すか、ダメージ覚悟で突っ切って斧にタッチしよう。

▲スタート直後は急いでヨッシーに乗り、このバブルをすばやく食べよう。

▲でかファイアパックンを倒す。ボムへいに当たらないように近づいて発射。

▲踏んだときの反動に注意しつつ、先頭のガリガリに乗って渡り切ろう。

▲ファイアバーの炎も食べて発射できる。クッパの接近には警戒しよう。

WORLD 17-7〜17-8

スーパーマリオチャレンジコース攻略編

WORLD 18-1

敵やアイテムが乗ったファイアクッパクラウンが多数出現するコース。アイテムが乗っているファイアクッパクラウンも弾を発射してくるので、攻撃にはつねに警戒しよう。

- 1回もトゲ地形に当たらないでゴール
- 全てのファイアクッパクラウンに乗ってからゴール

ポイント 16個のファイアクッパクラウンに乗ろう

乗り継ぐ対象となるファイアクッパクラウンは、サブエリアに12個、ゴール地点に4個出現する。密集すると衝突によって弾き飛ばされる危険が増すので、ゆっくり進み、1個ずつ出現させて乗り継いでいこう。とくにでかパタクッパJr.とは一対一で戦いたい。また、乗り手を失ったファイアクッパクラウンはどんどん落下していくので、敵を倒したあとは早めに乗り継ぐようにしよう。

WORLD 18-2

ハナチャンのオンパレードとなるコース。ハナチャンは地面を歩き回るものだけでなく、飛び跳ねて移動してくるものもいる。音符ブロックによる飛び跳ねにも注意してかわしていこう。

- 全てのハナチャンをふんでからゴール
- ハナチャンを1回もふまないでゴール

WORLD 18-3

序盤でくつクリボーのくつを奪えるが、いの右の土管に進めばでかクイーンくつも入手可能。途中のクッパもヒップドロップやボッフンで簡単に倒せるのでオススメだ。

- カメックに1回もハテナブロックを消されないでゴール
- 全てのネッチーをたおしてからゴール

ポイント カメックの攻撃をハテナブロックからそらそう

条件の対象となる場所はかから進んだ先にの部屋だ。カメックはこちらを狙って魔法を放ってくるため、ピラミッド型に積まれたハテナブロックのてっぺんや端に立って攻撃を誘えば、ハテナブロックに魔法が当たりにくくなる。そこからあまり動き回らず、カメックが近くに出たときにすばやく踏みつけよう。

▲てっぺんで誘えばハテナブロックには飛ばない。チャンスを待とう。

▲近くに出たらすぐに踏みつけ。3体いるので1体ずつ対処したい。

ポイント 密集地帯は 足場を利用してかわそう

　地面を歩くハナチャンはジャンプで飛び越え、飛び跳ねて移動するパタハナチャンは下をくぐっていこう。ハナチャンが密集する場所では、ちくわブロックや高台などを利用して踏まないようにすること。メダルの条件は"1回も踏まないこと"なので、ぶつかるのはOK。ゴール手前の高台まで来たら、ダッシュで一気に進んでしまうのも手だ。

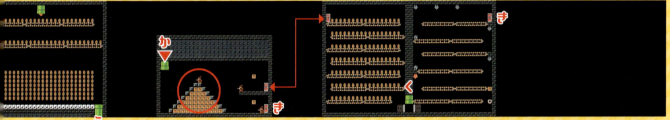

ポイント くつを履いてネッチーを踏みつけ

　中間ポイントの先にいる3体のネッチーを倒すのが条件だ。すべてトゲ地形の足場に潜んでおり、倒すにはくつが必須。くつクリボーのくつで踏んでも倒せるが、でかクイーンくつで足場にヒップドロップしよう。

◀Pスイッチを押してこの土管に進み、でかクイーンくつに履き替えよう。

▶1体目は高速溶岩リフトから飛び降りて踏む。

WORLD 18-1〜18-3

113

SUPER MARIO

WORLD 18-4

メインエリアとサブエリアが鏡に映したように逆転した地形になっている。仕掛けの種類はところどころ違っており、サブエリアではちくわブロックの足場やガリガリなどに要注意だ。

- メインエリアのクッパを穴に落としてからゴール
- サブエリアのでかクッパを穴に落としてからゴール

WORLD 18-5

スタート地点からメットこうらをかぶったマントマリオに変身できる。普通に進むと難度が高めだが、スタート地点から空を飛んでいけば簡単にクリアすることができる。

- 1回地面からはなれたら着地しないでゴール
- 1回地面からはなれたら、着地しないでコインを全100まい取ってからゴール

ポイント マントマリオでゴール地点まで飛んでいこう

スタート地点で助走して空を飛び、そのままゴールを目指そう。飛行中は右→左と入力して飛び続ければいい。右を押しすぎると高度が下がってしまうので、左への切り返しをすばやく行うのがポイントだ。操作を早めれば高度を上げることもできる。

◀スタート地点の左端から助走を開始し、矢印マークのところから飛び立とう。

◀基本的に左を押しっぱなしにして、一定間隔で右→左の操作を繰り返そう。

WORLD 18-6

高速溶岩リフトに乗り続けてゴールを目指すコース。途中でヨッシーに乗ればガリガリを踏んでもダメージを受けずにすむので、ヨッシーのタマゴが出たら早めに乗るといい。

- 高速溶岩リフトの上で10回以上ヒップドロップしてからゴール
- 全てのパタボム兵をヨッシーで食べてからゴール

ポイント コースの前半で6回以上を目標に

コース後半はガリガリをかわさなくてはいけない場所が多いため、コースの前半までにできるだけヒップドロップの回数を稼いでおきたい。高速溶岩リフトが直線状になるところや、ガリガリを飛び越えたところですばやく繰り出していこう。

◀ガリガリを飛び越えたときにヒップドロップ。最初の2か所で確実に決めよう。

◀縦に一直線になる場所では、頂点でヒップドロップしよう。急げば2回は可能だ。

ポイント❷ ヒップドロップさせて穴に落とそう

　クッパはこちらを狙ってヒップドロップを繰り出してくる。レンガブロックにヒップドロップが当たると崩れていくので、うまく誘導して穴に落とそう。メインエリアとサブエリアではクッパのサイズが異なるが、落とし方は同じだ。

▲レンガブロックが薄い場所に立ち止まって、ヒップドロップを誘おう。

ポイント❸ メットこうらを蹴りつつ飛行開始！

　スタート地点のメットこうらを蹴ってから空を飛び、一緒にゴールまで進んでいけばすべてのコインを回収できる。最初にメットこうらを蹴る以外はクリボーメダルの要領と同じだ。メットこうらがゴール直前の1枚に当たったところでゴールしよう。

◀手に持ったメットこうらを投げてから、追いかけるように飛んでもいい。

◀先行しすぎるとコインを取り切る前にゴールしてしまう。ほぼ一緒に進もう。

ポイント❸ 出現場所を覚えて確実に食べよう

　パタボムへいは全部で10体出現する。コース上の決まった場所で遭遇するので、マップで場所を確認しつつ、順番に食べていこう。パタボムへいと横に並んだときに舌を出すのがコツだ。コースの後半では左右に歩きすぎて落下しないようにすること。

◀6体目。高速溶岩リフトの前にいると逃しやすいので、中ほどに立って狙おう。

◀最後はゴールポールの上。コインに沿って、ふんばりジャンプしつつ食べよう。

WORLD 18-4〜18-6

スーパーマリオチャレンジコース攻略編

WORLD 18-7

大量の敵が出現する水中を進んでいく、かなり難度の高いコース。パワーアップアイテムは出現しないため、敵から身を守るには土管から出てくるメットこうらだけが頼りだ。

- コインを全100まい取ってからゴール
- 全てのあかプクプクをたおしてからゴール

WORLD 18-8

ピーチ姫が囚われている最終コース。先へ進むには別の場所の敵やアイテムの利用が必要不可欠となっており、何を使うかは、カベに埋まっている敵やアイテムがヒントになっている。

- でかクッパをたおしてからゴール
- 3コのカギドアに入ってからゴール

ポイント ファイアクッパクラウンで攻撃！

ゴール地点にはクッパのほかに、ファイアクッパクラウンに乗ったカメックもいる。部屋に入ったら、すぐにカメックを踏みつけてファイアクッパクラウンを奪おう。その後はファイアクッパクラウンでクッパを攻撃。天井のスミに追い詰められると逃げられなくなるので、クッパに接近されたらトゲ地形の下を通過して反対側に回り込もう。攻撃はチャージ弾が基本。ファイアマリオなら3方向チャージ弾を撃てるほか、メットこうらをかぶっていればダメージを1回しのげるので、フルパワーアップでたどり着こう。

◀一方通行カベを越えたら速攻でカメックを踏みつけよう。すかさずファイアクッパクラウンに乗って、クッパへの攻撃を開始しよう！

▶床でバウンドすると、トゲ地形に当たりやすい。下をくぐり抜けるときは、できるだけ左右にまっすぐ移動するようにしよう。

ポイント メットこうらをかぶって3つのカギを入手

カギドアに入るための3つのカギを手に入れるには、各部屋の謎を解いてアイテムを入手し、マリオをパワーアップしていく必要がある。2つ目のカギはメットこうらをかぶったプロペラマリオでないと取れないので、そこまでダメージを受けずにたどり着こう。

▲まずはノコノコのこうらを運んでここに落とす。ノコノコが復活するとカベのスーパーキノコが手に入る。

▲ノコノコを運んだ部屋に、このPOWブロックを運び、ブラックパックンを倒して1つ目のカギを入手。

ポイント メットこうらをかぶって敵をけん制

メットこうらをかぶっていれば、頭から敵にぶつかってもダメージを受けない。ドッスンも押し上げることができるので、これを利用してコインを回収していこう。追いかけてくるハナチャンも、メットこうらで弾いて遠ざけるといい。

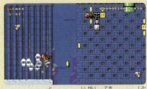

▲コインを取るとき以外は敵よりも下をキープし、頭で弾き返していこう。

ポイント メットこうらをフル活用！

あかプクプクはメットこうらで頭突きするか、手に持ったメットこうらを投げてぶつければ倒せる。逆に言えばメットこうらがないと倒せないので、失ったらすぐに土管から出てくるものをかぶりなおそう。赤い足場まで進んだら、足場の下にあるPOWブロックでハンマーブロスを片づけてから、あかプクプクを狙っていこう。

◀敵の密集地帯では、メットこうらをぶつけて数を減らそう。メットこうらを持っている間は、十字ボタンの上下左右で泳げるので活用してみよう。

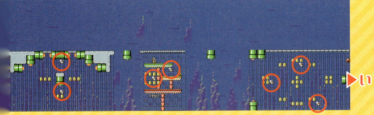

▶あかプクプクはゴール地点にも1体いる。倒す前にゴールゲートにさわってしまうと、クッパメダルを獲得できなくなるので気をつけよう。

▲POWブロックの部屋からジャンプ台を運び、キラー砲台のそばに落とす。下段へ降りてマルマルのそばでしゃがみ、こうらをかぶろう。

▲おの部屋。バーナーの炎がおさまったところでダッシュして進み、ファイアフラワーを入手。これでキラー砲台の下のトゲゾーを倒せる。

▲ファイアボールを連打して、でかボムへいをベルトコンベアに乗せて落とそう。すると右下も爆発し、プロペラキノコが取れる。

▲メットこうらがあれば、プロペラジャンプで押し上げてカギが取れる。

▲クッパJr.を倒せば、最後となる3つ目のカギを入手できる。

スーパーマリオチャレンジコース攻略編

WORLD 19-1

次々と飛来するパタジャンプ台を渡っていくコース。ゴールするだけならジャンプ台に乗らず、足場を渡っていけばいい。クリボーメダルを獲得するにはジャンプ台の利用が必須だ。

- コインを全50まい取ってからゴール
- ジャンプ台を持ったままゴール

ポイント① ジャンプ台を落ち着いて渡ろう

パタジャンプ台で高く飛びつつ、上空のコインを回収していこう。ゴール付近の4枚は最後のハテナブロック以降、ジャンプ台を乗り継いで取りに行こう。

▲上空のコインまで落ちないように。

ポイント② ゴール直前でジャンプ台をキャッチ

ゴール地点まで行けばたくさんのパタジャンプ台が飛んでくるので、そのうちの1つをキャッチしてゴールすればいい。クリボーメダルよりも簡単だ。

◀ここで1つ拝借してゴールするだけ。

WORLD 19-3

ファイアバーをかわしつつ、足場を渡っていくコース。リフトの上では移動が制限されるので、乗る前にファイアバーの回転をよく見て、飛び移るタイミングを図っていこう。

- 1回もダメージを受けないでゴール
- 1回もダメージを受けないで残りタイム280以上でゴール

ポイント① 安全な場所まで一気に進もう

ゴールまでには安全な足場もあるので、そこまでを目標にしつつ進んでいくといい。複数のファイアバーがある場所では慎重になりすぎず、行けるタイミングで一気に通過していこう。とくに音符ブロックの足場やレール上を移動するリフトの上では、あまり立ち止まらないほうが無難だ。ゴール地点ではてっぺんゴールにこだわらなければ、リフトからゴールボールの下のほうへ飛べばいい。

WORLD 19-4

敵はいろいろなくつを履いたくつクリボーばかりなので、くつを奪ってダメージをしのいでいこう。くつクリボーの踏みつけ攻撃は、メットこうらをかぶっていれば弾き返せる。

- 全8種類のくつをはいてからゴール
- 1回もくつをはかないでゴール

ポイント① すべてのサブエリアを回ってくつを履き替え

サブエリアの3つの部屋を回れば、全種類のくつに履き替えるチャンスがあるので、順番に回っていこう。同じ形でも、大きさが違うくつは別の種類になるので見落とさないように。

▲土管をふさぐブロックはでかくつのヒップドロップや頭突きで！

ポイント② くつの敵は踏まないようにしよう

くつクリボーを踏みつけると、そのままくつを履いてしまうことが多いため、倒すときはファイアボールを活用していこう。相手の踏みつけはメットこうらで弾けばいい。サブエリアへ行く必要はないので、メインエリアを突っ切ってゴールを目指そう。

WORLD 19-2

レールに沿って進むリフトでゴールを目指すコースだ。コース自体は非常に短いが、ゴールまでの道のりは長い。敵やバーナーはレールをよく見て、動きを予測しつつかわしていこう。

- 全てのピーパックンをたおしてからゴール
- 全ての怒ったハナチャンをたおしてからゴール

ポイント❶ ファイアボールや敵を投げて倒していこう

ピーパックンはファイアボールでも倒せるので、スーパーキノコとファイアフラワーを順番に入手し、ファイアマリオになろう。ハナチャンはファイアボールが効かないため、レールに沿って進んでくるクリボンやメットこうらをキャッチしてぶつけよう。なお、流れてくるファイアフラワーは、ちびマリオのときはスーパーキノコになってしまうので注意しよう。

◀ハナチャンは終点付近に2体出現。上投げも利用しよう。

ポイント❷ ファイアバーの軸も足場にして急ごう

ダッシュを基本にしてゴールを目指そう。ファイアバー地帯はダッシュジャンプや3段ジャンプなどで飛距離を伸ばしつつ、一気に通過。ファイアバーが下向きのときは軸のブロックにも乗れるので、ジャンプの踏み台に利用していこう。

◀序盤は上段のファイアバーを飛び越え、足場からブロックを踏み台にして3段ジャンプ！

WORLD 19-5

Pスイッチでコインをレンガブロックに変えつつ、一気にゴールを目指すコース。途中で効果が切れると下に落っこちてしまうため、次のPスイッチまでダッシュで突っ走ろう！

- 残りタイム20以上でゴール
- 2UPしてからゴールポールで1UP

ポイント 移動時間をできるだけ短縮

立ち止まらずに進むのが前提となるが、途中の2か所でスピードアップを図ろう。リフトは上昇を待たずにダッシュジャンプ＋空中スピンで次の足場へ。タワー化したクリボーはヒップドロップで一気に倒す。また、序盤と終盤のカベキック地点は、失敗せずに一発で登り切ること。

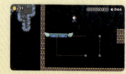
◀上昇し始めたところでダッシュを開始し、ジャンプ中に空中スピン。

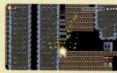
◀普通に踏むと時間がかかるが、ヒップドロップなら一気に倒せる。

WORLD 19-6

レールで移動してくるファイアバーをかわしつつ、ゴールを目指そう。基本的に足場を渡っていけばいいが、ファイアバーをうまくかわすには、レール上のブロックも利用していこう。

- 全てのファイアバーの上に乗ってからゴール
- コインを全10まい取ってからゴール

ポイント 4つのファイアバーのブロックに着地

コースに登場する4つのファイアバーのブロックに乗ることが条件。スタート直後に2つ、ガリガリを越えたところで3つ目に乗ろう。最後はゴール地点だ。

◀この辺りで左上から来るのが3つ目。

WORLD 19-7

上空から降ってきたあと、レール上を往復するスネークブロックを足場にして進んでいくコース。スタート地点からヨッシーに乗れるが、ふんばりジャンプはできないので注意しよう。

- 全ての落ちるリフトを落としてからゴール
- コインを全100まい取ってからゴール

ポイント の 最後のPスイッチは先へ運んでから踏もう

タワー化したクリボーで1UPは可能だが、2UPするにはコインをすべてキャッチして、ゴールポールで1UPするのが目標だ。100枚目のコインはゴールポールのてっぺんで取ることになるため、いずれの場合もPスイッチの効果中にゴールする必要がある。最後のPスイッチを普通に踏むと効果が持たないので、少し先へ運んでから踏むのがポイントだ。

▲ここにあるPスイッチはすぐに踏まず、すばやくキャッチしよう。

▲この辺りまで運んでから踏む。投げてから踏むのもスピーディに！

▶レンガブロックからゴールポールのてっぺんへ！

ポイント の レールを流れてくる10枚をキャッチ

登場するコインは全部で10枚。すべてレールを流れてくるので、ファイアバーをかわしつつキャッチしていこう。進行方向へ流れていくコインは追いかけて取れるが、左へ流れていくコインはチャンスが限られるので、逃さないように。

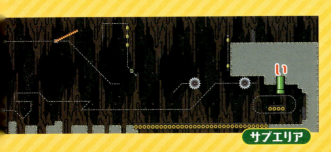

サブエリア

▲ファイアバーに当たりそうなときはコインに敵をぶつけて取るといい。

ポイント の 7つの落ちるリフトに乗ろう

落ちるリフトとパタ落ちるリフトは、青い色が目印だ。全部で7つあるので、順番に落としながら進んでいこう。最初の縦に2つ並んだ場所は下に足場がないため、2つとも落としたところで、すぐにスネークブロックに飛び移ろう。

ポイント の トゲゾーこうらをかぶって大量コインの部屋へ

ハナチャンがいるコイン部屋に入るには、トゲゾーマリオで硬いブロックを壊す必要がある。トゲゾーこうらは高速溶岩リフトの手前のカベに埋まっているので、ヨッシーで食べて取り出してからマリオにかぶらせよう。

◀軽くジャンプしつつカベに向かって吐き出せば、うまくかぶれる。

WORLD 19-5〜19-7

SUPER MARIO

WORLD 19-8

カギを手に入れてカギドアへ進めば、難所をさけて進める仕組みになっている。腕に自信があれば、カギを使わずに進む方法にも挑戦してみよう。クッパメダルの獲得はそれが必須だ。

- カギを4コ以上引き連れてゴール
- カギを8コ引き連れてゴール

START

サブエリア

ポイント① カギを使わない進み方に挑戦！

8つのカギはすべてコース上に置かれているため、カギを手に入れるのは難しくない。問題は狙うメダルに応じて、カギを使わずにゴールを目指す必要があるという点だ。具体的な方法は、以下の画面写真で順番に示していくが、序盤からパタパタのこうらでツタを出したり、スピンジャンプでドッスンやトゲメットを踏んだりと、かなりテクニカルな仕掛けが連続する。失敗すると即ダメージを受ける場所も多いため、途中にあるパワーアップアイテムはもらさず手に入れていこう。

▲スタート直後のパタパタのこうらを運び、スキマに投げてツタを出そう。

▲ツタからダッシュジャンプで右へ飛びつつ、空中でスピンして足場へ。

▲ダッシュでドッスンの下をくぐり抜けながら、低めのジャンプで空中のカギをキャッチしていこう。

▲スピンジャンプでドッスンの右側に乗り続け、右上の足場へ登る。天井に頭をぶつけないようにしよう。

▲トゲメットをかわしてブロックを登り、てっぺんにあるカギを取る。青いトゲメットは移動が速いので注意。

▲Pスイッチを押すとトゲメットが床を移動していく。先頭のトゲメットにスピンジャンプで乗り続けて右へ。

WORLD 19-9

たくさんの横向きジャンプ台がトラップのようになっているコース。横からぶつかると跳ね飛ばされてしまうので、飛び乗るときは、高く飛んで真上に降りるようにしよう。

- でかノコノコをたおしてからゴール
- でかクリボーをたおしてからゴール

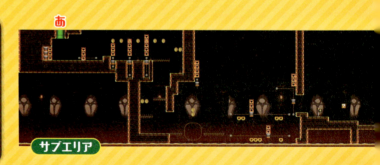
サブエリア

START　GOAL

▲でかワンワンを退散させよう。杭を打ち込むと最終的に右に移動してくるので飛び越えよう。カギを忘れずに。

▲3段ジャンプでカベ際の足場へ。または、でかワンワンをスピンジャンプで踏んでスーパージャンプでもいい。
▼プクプクを右端へ誘導。クッパクラウンに乗せると一方通行カベを抜けてくるので、奪って上に上昇しよう。

▲パタボムへいは自動的に着火して一定時間後に爆発する。ヨッシーに乗ったら、すぐに食べて安全を確保。

▲バーナーの炎を食べ、パタボムへいがブロックの中に入ったところで炎を当てて着火し、ブロックを爆破する。

▲部屋の入口でプロペラキノコを入手。カメックは1体倒し、残り1体の魔法を誘ってレンガブロックを壊させよう。

▲ふんばりジャンプでハンマーブロスを飛び越えて右側へ。ハンマーブロスは最低1体を残しておくこと。

▲ハンマーブロスのハンマーを食べ、床下のハナチャン2体を倒そう。下の1体は、ここから投げれば当たる。

WORLD 19-8〜19-9

ポイント❶ ジャンプ台にこうらを投げよう

コースの中ほどに出現するノコノコのこうらを持ち、でかノコノコの場所まで運んでぶつけよう。でかノコノコはカベに囲まれた場所にいるが、そこから下にあるジャンプ台にこうらを投げれば、跳ね返っていって、でかノコノコに当てることができる。

▲ここから右へこうらを投げれば、ジャンプ台で跳ね返ってヒット！

ポイント❷ ファイアボールでスキマを狙おう

ファイアマリオのまま、でかクリボーの場所にたどり着けば獲得がラク。縦に積まれた横向きジャンプ台に乗って、ファイアボールを連発すればいい。チビマリオのときは、手前のパタパタのこうらをスキマに投げ込むと倒せることもあるが、難度が高い。

▲スキマを狙って連発しよう。でかクリボーが左へ来たときにヒットする。

SUPER MARIO

スーパーマリオチャレンジコース攻略編

WORLD 19-10

マップでつながりを見ながらゴールを目指そう。記号のない土管からは、ブロックを叩くことでマント羽根を入手可能。後半で必要になるカギは、でかキャラを倒すと入手できる。

- 残りタイム410以上でゴール
- 敵を8体以上たおさないでゴール

WORLD 19-11

地面の下を飛び跳ねるプクプクに注意が必要なコース。プクプクは2回小さくジャンプしたあとに高く飛び跳ねる。下をくぐるときは、高く飛び跳ねるタイミングをねらおう。

- 1UPキノコを3コ取ってからゴール
- 残りタイム270以上でゴール

ポイント ゴールまでのルートを覚えよう

ゴールまでのルートを覚えて、できるだけすばやく進んでいこう。最初のドアを抜けたら、まず天井の土管からマント羽根を入手すること。うの土管をふさぐドッスンは、メットをジャンプ台があるスキマに投げ込んで、スーパースターを出せば安全に通れる。だが、うを抜けた先でマント羽根を再入手できるので、突っ切ったほうが早い。

WORLD 19-12

スタートからゴールまで、ほぼカベキックで進んでいくコース。下に地面がない場所ではカベキックを失敗しないようにしよう。ゴール手前は砲台の弾でスーパージャンプだ！

- 1回地面からはなれたら着地しないでゴール
- 1回地面からはなれたら、着地しないでコインを全120まい取ってからゴール

ポイント コインの並びにしたがって進もう

カベキックのルートはコインの並びが目安になっているので、コインをキャッチするつもりで繰り出していこう。とくにクッパメダルはコインの全回収も条件なので、取り逃さないように。敵を踏むときはスーパージャンプでいいが、高く飛びすぎるとカベにぶつかったり、コインを取りにくくなる場所もあるため、高さを調節しよう。

ポイント① 倒す敵を7体までにおさえよう

先へ進むために倒さなくてはならないのは、サブエリアの中央と左下のドッスン。さらにカギを持つでかキャラ4体だ。ドアを行き来すると一度倒した敵が復活するので禁物。でかキャラはマントマリオでないと倒せないものもいるため、ダメージを受けずに進もう。カギはでかキャラだけを倒せば手に入るが、ピーパックンの部屋ではそれが難しいため、残りの2体ぶんはそこで消化してもいい。

▲ここではマント攻撃でブロックを2つとも叩き、砲台を下げよう。

▲ちくわブロックの場所から上段に登ったら、スーパースターを入手。

▲ツタも出せるが、足場の端からジャンプして上に登ったほうが早い。

▲ダメージ覚悟で突っ込んで土管へ入ろう。大幅に時間短縮できる。

▲ここは蹴る位置が低いと足を着くので、足場と同じ高さで蹴ろう。

▲この4枚を取るには高さが必要。できるだけ高い位置でカベキック！

ポイント② ピンクコインも集めよう

1つ目の1UPキノコはファイアバーの上のハテナブロックから入手できる。2つ目はピンクコインを5枚集めてカギを入手し、カギドアに進んで手に入れよう。3つ目はサブエリアの終点にあり、天井のレンガブロックを壊せば入手できる。3つ目入手時のレンガブロックは、スーパーマリオなら高く飛んで壊せばいい。ちびマリオのときは、カメックの魔法を誘導して穴を開けさせよう。

▲3枚目のピンクコイン。燃えプクプクの下をくぐり抜けて取ろう。

▲4枚目のピンクコイン。入手後は燃えプクプクが来る前に戻ろう。

▲5枚目のピンクコイン。燃えプクプクをかわしつつ、カベキック。

▲カギドアに入ったら、ハテナブロックから1UPキノコを取ろう。

▲ダッシュジャンプなどで高く飛んで、レンガブロックを破壊しよう。

▲穴を開ければ1UPキノコが落ちてくる。敵をかわしつつキャッチ。

WORLD 19-10〜19-12

125

お助けモードアイテムリスト

お役立ちデータリスト 3

お助けモードを利用したときに入手できるアイテムの一覧だ。プレイの参考にしよう。

コース	5回ミス時	10回ミス時
1-1	ファイアフラワー	1UPキノコ
1-2	1UPキノコ	ファイアフラワー
1-3	プロペラキノコ	スーパースター
1-4	スーパーキノコ	ファイアフラワー
2-1	スーパーキノコ	ファイアフラワー
2-2	1UPキノコ	1UPキノコ
2-3	スーパーキノコ	ファイアフラワー
2-4	1UPキノコ	1UPキノコ
3-1	スーパーキノコ	ファイアフラワー
3-2	ファイアフラワー	スーパーこのは
3-3	スーパーキノコ	ファイアフラワー
3-4	スーパーキノコ	ファイアフラワー
4-1	スーパーこのは	スーパースター
4-2	1UPキノコ	1UPキノコ
4-3	1UPキノコ	1UPキノコ
4-4	プロペラキノコ	プロペラキノコ
5-1	マント羽根	ファイアフラワー
5-2	ファイアフラワー	マント羽根
5-3	マント羽根	マント羽根
5-4	マント羽根	1UPキノコ
6-1	スーパースター	ファイアフラワー
6-2	ファイアフラワー	スーパースター

コース	5回ミス時	10回ミス時
6-3	1UPキノコ	1UPキノコ
6-4	1UPキノコ	1UPキノコ
7-1	スーパースター	スーパースター
7-2	スーパーキノコ	スーパーこのは
7-3	スーパーキノコ	ファイアフラワー
7-4	スーパースター	ファイアフラワー
8-1	1UPキノコ	1UPキノコ
8-2	スーパーキノコ	スーパーこのは
8-3	スーパーキノコ	スーパーキノコ
8-4	スーパーキノコ	ファイアフラワー
8-5	スーパーキノコ	ファイアフラワー
8-6	スーパーキノコ	スーパーこのは
9-1	スーパーキノコ	スーパーこのは
9-2	スーパースター	スーパースター
9-3	プロペラキノコ	プロペラキノコ
9-4	スーパースター	プロペラキノコ
9-5	1UPキノコ	1UPキノコ
9-6	ファイアフラワー	ファイアフラワー
9-7	スーパーキノコ	ファイアフラワー
9-8	1UPキノコ	1UPキノコ
10-1	ファイアフラワー	ファイアフラワー
10-2	ファイアフラワー	ファイアフラワー

コース	5回ミス時	10回ミス時
10-3	ファイアフラワー	マント羽根
10-4	スーパーキノコ	スーパーキノコ
11-1	ファイアフラワー	プロペラキノコ
11-2	スーパースター	スーパースター
11-3	ファイアフラワー	プロペラキノコ
11-4	1UPキノコ	1UPキノコ
12-1	スーパースター	ファイアフラワー
12-2	スーパーキノコ	スーパーキノコ
12-3	ファイアフラワー	ファイアフラワー
12-4	スーパーキノコ	ファイアフラワー
13-1	1UPキノコ	1UPキノコ
13-2	スーパースター	ファイアフラワー
13-3	スーパーキノコ	マント羽根
13-4	1UPキノコ	ファイアフラワー
13-5	1UPキノコ	1UPキノコ
13-6	スーパーキノコ	ファイアフラワー
14-1	プロペラキノコ	プロペラキノコ
14-2	ファイアフラワー	1UPキノコ
14-3	1UPキノコ	ファイアフラワー
14-4	スーパーキノコ	ファイアフラワー
15-1	ファイアフラワー	プロペラキノコ
15-2	ファイアフラワー	1UPキノコ

コース	5回ミス時	10回ミス時
15-3	ファイアフラワー	プロペラキノコ
15-4	ファイアフラワー	マント羽根
16-1	スーパーこのは	スーパーこのは
16-2	スーパースター	スーパースター
16-3	マント羽根	マント羽根
16-4	スーパーキノコ	プロペラキノコ
17-1	ファイアフラワー	プロペラキノコ
17-2	1UPキノコ	1UPキノコ
17-3	ファイアフラワー	ファイアフラワー
17-4	スーパーこのは	スーパースター
17-5	スーパーこのは	スーパーこのは
17-6	マント羽根	マント羽根
17-7	ファイアフラワー	ファイアフラワー
17-8	スーパーキノコ	ファイアフラワー
18-1	ファイアフラワー	ファイアフラワー
18-2	ファイアフラワー	マント羽根
18-3	ファイアフラワー	ファイアフラワー
18-4	ファイアフラワー	スーパースター
18-5	1UPキノコ	スーパースター
18-6	1UPキノコ	1UPキノコ
18-7	マント羽根	ファイアフラワー
18-8	プロペラキノコ	プロペラキノコ

お役立ちデータリスト 4　Wii U版・3DS版 機能比較表

　右の表はWii U版と3DS版の機能の違いをまとめたものだ。3DS版ではチュートリアルの「ヤマムラレッスン」でコース作りを学べるのが特徴。また、3DS版にはWii U版の「ハテナキノコ」はないが、「変なキノコ」が最初から使用できる。

▲「変なキノコ」はマリオを「変なマリオ」に変身させるアイテムだ。「変なマリオ」は高くジャンプできるようになる。

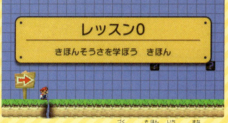

▲ヤマムラレッスンではコース作りの基本を一から学ぶことができる。ポイントを押さえるためにも要チェックだ。

モード	要素	Wii U版	3DS版
つくる	エディット	○	○
	簡易チュートリアル	○	×
	ヤマムラレッスン(チュートリアル)	×	○
	配置可能数：敵100体、コインや地形など2000個	○	○
	amiibo対応	○	×
あそぶ	10人マリオチャレンジ	○	×
	スーパーマリオチャレンジ	×	○
コースロボット	自分のコース(セーブ機能含む)	○	○
	サンプルコース	○	×
	チャレンジコース	×	○
	ローカル通信でのコース交換	×	○
	サーバーへコース投稿	○	×
世界のコース	注目コース(おすすめコース)	○	○
	100人マリオチャレンジ	○	○
	ポータルサイトの連携	○	×
	イベントコース配信	○	○
	公式職人のコース配信	○	○
	コースのいいね！ランキング	○	○
	職人のいいね！ランキング	○	×
	職人のブックマーク	○	×
	コースIDによる検索	○	×
	すれちがい通信によるコース交換	×	○
	サーバーに投稿されたコースの評価(いいね！やコメント)	○	×
	Miiverseとの連動	○	×
	あそんだコース履歴リスト	○	×
	ユーザー情報(プロフィール)	○	○

3DS版モード名称リスト

モードカテゴリ	モード名称
コースをつくる	ゲームスキン
	シーンスキン
	オトアソビ
	マリオの残像(マリオの通ったあと)
	メインエリア/サブエリア
	あそぶ/つくる
	スタートとゴールの位置
	コースの長さ/位置
	リセットロケット(アイコン名)
	リセットする
	アンドゥ犬
	1つもどる
	パーツを消す
	消しゴム君
	コースロボット
	メインメニュー

モードカテゴリ	モード名称
コースをつくる	タイマー/オートスクロール設定
	オートスクロール(カメ)
	オートスクロール(ウサギ)
	オートスクロール(チーター)
	パレット
	パーツ
	パーツを入れる
	パーツをふる
	羽をつける
	レールを置く
	レールにのせる
コースロボット	自分のコース
	チャレンジコース
	新しくセーブ
	上書きセーブ
	ロード

モードカテゴリ	モード名称
世界のコース	100人マリオチャレンジ
	おすすめコース
メインメニュー	コースをつくる
	ヤマムラレッスン
	スーパーマリオチャレンジ
	世界のコース
	コースロボット
	オプション
	プロフィール
	説明書
オプション	プレイヤーそうさ
	スタッフクレジット

127

お役立ちデータリスト

スーパーマリオメーカー for Nintendo 3DS
パーフェクトガイド

2016年12月22日 初版発行

編集　　電撃攻略本編集部

STAFF
Director	電撃攻略本編集部（宮本勲一）
Writer	渡辺 諭、中谷 至
Design Coordinator	佐和健治
Assist Work	船本貴也
Design&DTP	株式会社明昌堂
Coordinator&Producer	電撃Nintendo編集部（松本 剛）
Special Thanks	任天堂株式会社

発行者　塚田正晃
プロデュース　アスキー・メディアワークス
〒102-8584 東京都千代田区富士見1-8-19
TEL.03-5216-8383（編集）
TEL.03-3238-1854（営業）

発　行　株式会社KADOKAWA
〒102-8177 東京都千代田区富士見2-13-3

印刷所　大日本印刷株式会社

© 2016 Nintendo
Licensed by NINTENDO

ニンテンドー3DSのロゴ・ニンテンドー3DSは任天堂の商標です。

Printed in Japan

ISBN978-4-04-892643-0 C0076

本書の無断複製（コピー、スキャン、デジタル化等）並びに無断複製物の譲渡および配信は、著作権法上での例外を除き禁じられています。
また、本書を代行業者などの第三者に依頼して複製する行為は、たとえ個人や家庭内での利用であっても一切認められておりません。
落丁・乱丁本はお取り替えいたします。購入された書店名を明記して、アスキー・メディアワークス　お問い合わせ窓口あてにお送りください。
送料小社負担にてお取り替えいたします。但し、古書店で本書を購入されている場合はお取り替えできません。

定価はカバーに表示してあります。

※本書の内容（攻略法など）に関する電話でのお問い合わせは、一切受け付けておりません。ご了承願います。

小社ホームページ　http://www.kadokawa.co.jp/